Nussknacker 4

Mein Mathematikbuch

Herausgeber
Peter Herbert Maier, Karlsruhe

Autoren
Sabine Heinz, Pegnitz / Hollenberg
Birgit Herdegen, Thannhausen
Regina John, Landsberg am Lech
Karl Landherr, Thannhausen
Peter Herbert Maier, Karlsruhe

Berater
Astrid Balzar, Bad Staffelstein
Brigitte Filler, Fürth
Katja Krellenberg, Neubiberg
Wolfram Kriegelstein, Schwabach
Johanna Ramm, Seeon
Nina Schlag, Wendelstein
Christine Schneider, München
Constanze Schürer, Möckenlohe
Simone Wagler, Münsingen
Barbara Walz, Pommersfelden
Christine Zetzmann, Bad Rodach

Ernst Klett Verlag
Stuttgart · Leipzig

Inhalt

			Prozessbezogene Kompetenzen				
			Modellieren	Probleme lösen	Kommunizieren	Argumentieren	Darstellen
Wiederholung Rechnen bis 1000	■ Rechnen: Einfache Aufgaben	4			✓		
	■ Addieren bis 1000	6			✓		✓
	■ Subtrahieren bis 1000	7			✓		✓
	▼■ Multiplizieren bis 1000	8			✓	✓	
	■ Dividieren bis 1000	9			✓		
	■ Rechnen und entdecken	10		✓	✓	✓	
	◆■ Wolkenkratzer	12	✓		✓		✓
Zahlenraum bis 100 000	■ Große Zahlen	14	✓		✓	✓	
	▼■ Zahlen bis 10 000	16			✓		✓
	■ Zahlen bis 100 000	18			✓		✓
	▼■ Zahlen bis 100 000	20			✓	✓	
	■ Zahlenstrahl bis 100 000	22			✓		
	▼■ Zahlen erforschen	24			✓	✓	
	▼■ Zahlenmuster entdecken	25			✓	✓	
Rechnen bis 100 000	■ Vorteilhaft addieren mit großen Zahlen	26			✓	✓	
	■ Addieren mit großen Zahlen	27			✓	✓	
	■ Vorteilhaft subtrahieren mit großen Zahlen	28			✓	✓	
	■ Subtrahieren mit großen Zahlen	29			✓	✓	
	▼■ ANNA-Zahlen addieren	30		✓	✓	✓	
	▼■ ANNA-Zahlen subtrahieren	31		✓	✓	✓	
	▼■ Multiplizieren und dividieren	32			✓	✓	✓
	▼■ Teilbarkeitsregeln	34			✓	✓	
	●◆ Mit Tabellen arbeiten	35	✓	✓	✓		
	●◆ Mit Texten arbeiten	36	✓		✓		
	●◆ Lösungshilfen nutzen	37	✓			✓	✓
	●◆ Um die Ecke denken	38	✓	✓	✓		
	▼■ Wiederholung – Über Lernen sprechen	39			✓		
Längen	● Entfernungen auf der Autobahn	40	✓				✓
	● Kilometer und Meter	41			✓		
	● Längen und Bruchzahlen	42	✓		✓		
	●◆ Projekt: Freundschaftsbänder basteln	43	✓		✓		
Raum und Form	▲ Quader untersuchen	44		✓	✓	✓	
	▲ Quader kippen	45		✓	✓	✓	
	▲ Quadernetze	46		✓		✓	
	▲ Quadercity	48			✓		✓
Kopftraining	▲ Zersägte Würfel	50		✓	✓	✓	
	▲ An der See	51		✓	✓	✓	
Zahlenraum bis 1 000 000	■ Sehr große Zahlen	52			✓		✓
	▼■ Zahlen bis 1 000 000	53			✓		✓
	▼■ Zahlenstrahl bis 1 000 000	54			✓		✓
	▼■ Zahlen bis 1 000 000	56			✓		✓
	▲● Wiederholung – Über Lernen sprechen	57			✓	✓	
Rechnen bis 1 000 000	■ Addieren und subtrahieren bis 1 000 000	58			✓		
	▼■ Multiplizieren und dividieren bis 1 000 000	59			✓		
	▼■ Zu Gast bei Adam Ries	60			✓		✓
	▼■ Schlau sein wie Gauß	61		✓	✓		
Schriftlich multiplizieren	■ Schriftlich multiplizieren	62			✓		✓
	▼■ Überschlag und Fehlersuche	64			✓	✓	
	■ Wie rechnest du?	65			✓	✓	
	◆■ Dreierketten als Lösungshilfe	66	✓		✓	✓	
Schriftlich dividieren	■ Schriftlich dividieren	68			✓		✓
	■ Schriftlich dividieren mit Nullen	70			✓		✓
	■ Wie rechnest du?	71			✓	✓	
	●■ Schriftlich multiplizieren mit Kommazahlen	72	✓		✓		✓
	●■ Schriftlich dividieren mit Kommazahlen	73	✓		✓		✓
	●■ Schriftlich dividieren mit Rest	74	✓		✓		✓
	▼■ Rechenwerkstatt	75			✓	✓	

Inhalt

			Prozessbezogene Kompetenzen				
			Model- lieren	Probleme lösen	Kommu- nizieren	Argumen- tieren	Dar- stellen
Sachrechnen	●◆ Auf dem Reiterhof	76	✓			✓	✓
	●◆ Pferdehaltung	77	✓				✓
	◆ Glücksräder	78		✓	✓	✓	
	▼◆ Wie viele Möglichkeiten gibt es?	80	✓	✓		✓	✓
	●◆ Fermi-Aufgaben	81	✓	✓	✓	✓	✓
Gewichte und Rauminhalte	● Kilogramm und Gramm	82			✓		✓
	● Rauminhalte schätzen und vergleichen	84			✓		
	● Liter und Milliliter	85			✓		✓
	●◆ Wohin mit dem Müll?	86	✓			✓	✓
	●◆ Wasserverbrauch	87	✓				✓
	●■ Wiederholung – Über Lernen sprechen	88			✓		✓
Raum und Form	▼▲ Parallel und senkrecht – rechter Winkel	89			✓	✓	
	▲ Flächeninhalt	90			✓	✓	
	▲ Flächeninhalt und Umfang	91			✓	✓	
	▼▲ Kreise	92			✓		
	▼▲ Mit Zirkel und Geodreieck zeichnen	93			✓		
	▼▲ Mathematik in der Kunst: Optische Täuschung oder Realität?	94				✓	✓
Kopftraining	▼ Plättchen-Puzzle	96		✓		✓	
	▼▼ Knobeln mit Zündhölzern	97		✓		✓	
Schriftlich multiplizieren und dividieren	◆ Fernsehen und Rundfunk	98	✓		✓		✓
	◆ Daten sammeln und darstellen	100	✓		✓		✓
	■ Schriftlich multiplizieren mit Zehnern und Hundertern	102			✓		✓
	■ Schriftlich multiplizieren mit zweistelligen Zahlen	103			✓		✓
	▼■ Multiplizieren wie im alten Ägypten	104		✓			✓
	■ Multiplizieren wie im Mittelalter	105		✓		✓	
	■ Gleichungen lösen mit Operatorketten	106	✓		✓	✓	
	■ Reiskörner auf dem Schachbrett	107	✓	✓			
Kopftraining	◆ Mit Texten knobeln	108		✓	✓	✓	
	▼■ Mit Zahlen experimentieren	109		✓	✓	✓	
Raum und Form	●◆ Bayerischer Wald	110	✓				✓
	▼▲ Achsensymmetrie	112			✓		✓
	▲ Falten	113					✓
	▼▲ Geoprojekt: Parkettierung	114			✓	✓	✓
	▲■ Wiederholung – Über Lernen sprechen	115			✓		✓
	●▲ Maßstab	116	✓		✓		✓
Zeit	●◆ Große Flugzeuge	118	✓		✓	✓	✓
	● Zeitpunkt und Zeitspanne	120			✓		✓
	●◆ Fahrpläne und Fahrzeiten	122	✓	✓			✓
Basiswissen	▼■ Das habe ich gelernt (Zahlen und rechnen)	123			✓		✓
	●▲ Das habe ich gelernt (Größen und Messen, Raum und Form)	124			✓		✓
	Klasse 4 – Basiswissen	125			✓		✓

■ Zahlen und Operationen   ▲ Raum und Form   ▼ Muster und Strukturen   ● Größen und Messen   ◆ Daten und Zufall

Rechnen – Einfache Aufgaben

1

Marco: Zuerst ein Quadrat, dann 3, dann …

Anja: Wie viele Quadrate sind es bei der 5. Treppe? Wie viele bei der 10.?

2 a)
222 + 3	444 − 3	420 + 260	750 − 350	746 − 346
222 + 30	444 − 30	430 + 250	750 − 360	646 − 247
222 + 300	444 − 300	440 + 240	750 − 365	546 − 147

b)
100 + ☐ = 500   170 + ☐ = 500   200 + ☐ = 1000   370 + ☐ = 1000
200 + ☐ = 500   285 + ☐ = 500   400 + ☐ = 1000   865 + ☐ = 1000
250 + ☐ = 500   395 + ☐ = 500   650 + ☐ = 1000   999 + ☐ = 1000

3 Triff die 999!   794 + 206 − 1 = ☐

a) 794 206 1
b) 100 11 888
c) 19 1000 20
d) 650 104 245
e) 750 70 319

4 Schreibe Aufgabenfamilien.

Denke auch an die Tauschaufgabe und die Umkehraufgabe.

380 / 210 170
750 / 430 320
590 / 250 340
425 / 105
875 / 530

210 + 170 = 380
170 + 210 = 380
380 − 170 = 210
380 − 210 = 170

Rechnen – Einfache Aufgaben

1

2

a)
2 · 3	4 · 2	3 · 3	2 · 5	4 · 4	6 · 5
2 · 30	4 · 20	3 · 30	2 · 50	40 · 4	60 · 5
2 · 300	4 · 200	3 · 300	2 · 500	400 · 4	600 · 5

b)
40 : 8	50 : 5	45 : 9	56 : 8	70 : 7	48 : 6
400 : 80	500 : 50	450 : 90	560 : 80	700 : 70	480 : 60
400 : 8	500 : 5	450 : 9	560 : 8	700 : 7	480 : 6

3 Finde viele Multiplikationsaufgaben zu diesen Ergebnissen.

280 = 70 · ☐   280

| 360 | 80 | 12 | 200 |
| 420 | 20 | 120 | 16 |

4 Schreibe Aufgabenfamilien.

Denke an die einfachen Aufgaben.

6 · 80 = 480
80 · 6 = 480
480 : 80 = 6
480 : 6 = 80

Addieren bis 1000

1

2 Wie rechnest du?

a) 185 + 37   6
   274 + 56   6
   397 + 28   11
   468 + 75   12
   556 + 89   15

b) 695 + 46   12
   343 + 78   7
   822 + 89   11
   457 + 65   9
   786 + 34   10

c) 146 + 275   7
   254 + 368   10
   372 + 489   15
   387 + 266   14
   295 + 147   10

d) 546 + 278 + 124   21
   479 + 152 + 263   21
   265 + 497 + 85   19
   328 + 493 + 107   19
   184 + 338 + 296   17

3

a)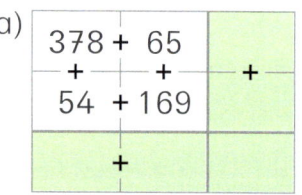

b)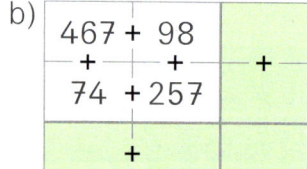

c)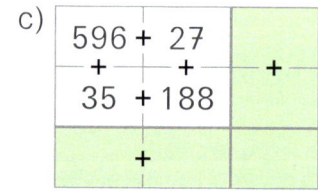

d)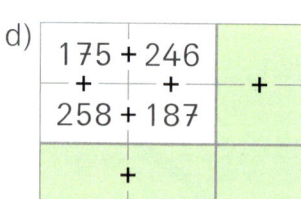

e)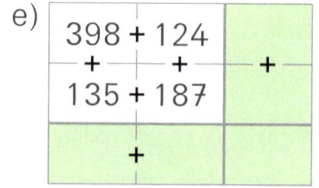

4 Immer 3 Aufgaben haben das gleiche Ergebnis.

674 + 58	166 + 678	189 + 52	268 + 295 + 169	273 + 268
279 + 198 + 64	555 + 177	87 + 154	188 + 333	45 + 799
64 + 457	157 + 84	256 + 285	456 + 388	55 + 899	267 + 687
			415 + 78 + 461	76 + 445

Subtrahieren bis 1000

2 Wie rechnest du?

a) 125 − 48 14
   236 − 57 17
   341 − 64 16
   450 − 83 16
   564 − 96 18

b) 918 − 25 20
   542 − 69 14
   701 − 87 11
   256 − 79 15
   415 − 38 17

c) 936 − 847 17
   920 − 765 11
   915 − 689 10
   902 − 534 17
   894 − 496 20

d) 742 − 276 16
   630 − 188 10
   941 − 755 15
   568 − 399 16
   404 − 267 11

3

a)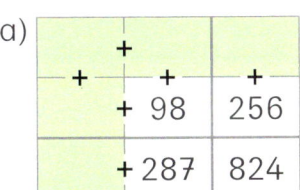

b)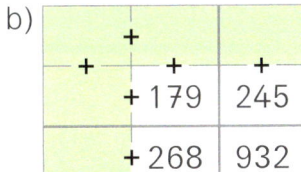

c)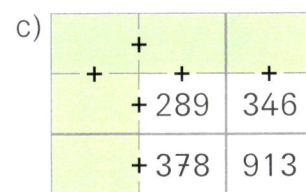

d)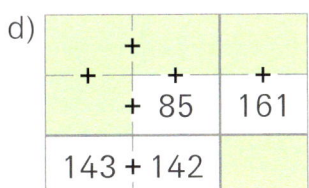

e)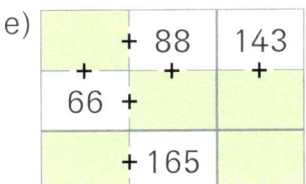

f)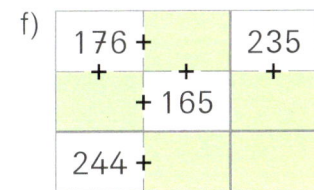

4

Immer 3 Aufgaben haben das gleiche Ergebnis.

763 − 85	321 − 57	831 − 652	704 − 358	347 − 168	614 − 325	342 − 78	428 − 139
225 − 77	925 − 247	822 − 558	731 − 53	216 − 68	241 − 93
525 − 179	430 − 84	502 − 213	646 − 467

Multiplizieren bis 1000

1

Mir hilft die einfache Aufgabe:
5 · 7 = 35
5 · 70 =

5 · 70

8 · 37

8 · 37 =
8 · 30 =
8 · 7 =

8 · 37 =
240 + 56 =

2 Wie rechnest du?

a) 6 · 40	b) 3 · 70	c) 50 · 3	d) 6 · 12	e) 7 · 46	f) 16 · 3
5 · 80	6 · 50	90 · 6	5 · 19	4 · 58	18 · 7
9 · 30	4 · 40	70 · 8	2 · 38	3 · 27	43 · 5
2 · 70	8 · 90	20 · 4	9 · 54	8 · 92	69 · 8

3

a) Du erhältst meine Zahl, wenn du zum 30-Fachen von 8 die Zahl 23 addierst. 11

b) Du erhältst meine Zahl, wenn du zum 9-Fachen von 70 die Zahl 36 addierst. 18

c) Du erhältst meine Zahl, wenn du vom 60-Fachen von 8 die Zahl 56 subtrahierst. 10

d) 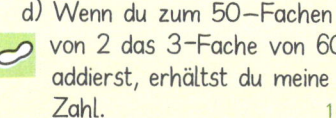 Wenn du zum 50-Fachen von 2 das 3-Fache von 60 addierst, erhältst du meine Zahl. 10

e) Du erhältst meine Zahl, wenn du vom 12-Fachen von 9 das Doppelte vom 10-Fachen von 5 subtrahierst. 8

f) Schreibe eigene Zahlenrätsel für deinen Partner.

4

4 · 20	90 · 6	5 · 12	56 · 8	9 · 100
4 · 30	80 · 6	5 · 13	55 · 8	9 · 99
4 · 40	70 · 6	5 · 14	54 · 8	9 · 98
▢ · 50	60 · ▢	▢ · 15	53 · ▢	▢ · 97

1 · 90	9 · 34	7 · 12	2 · 80	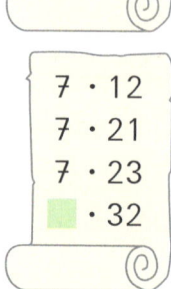 6 · 42
2 · 80	8 · 35	7 · 21	3 · 79	
3 · 70	7 · 36	7 · 23	4 · 78	
4 · ▢	6 · ▢	▢ · 32	▢ · 77	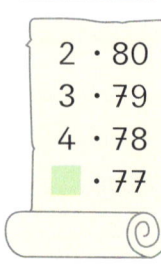 ▢ · ▢

Dividieren bis 1000

1

350 : 5

Mir hilft die einfache Aufgabe:
35 : 5 = 7
350 : 5 =

108 : 4

108 : 4 =
80 : 4 =
28 : 4 =

71 : 3

71 : 3 =   R
60 : 3 = 20
11 : 3 =   R

2 Wie rechnest du?

a) 450 : 9	b) 400 : 8	c) 28 : 2	d) 189 : 9	e) 81 : 4	f) 333 : 6
160 : 8	810 : 9	72 : 4	291 : 3	83 : 4	212 : 3
270 : 3	350 : 5	84 : 6	504 : 7	76 : 5	468 : 7
490 : 7	170 : 2	98 : 7	352 : 4	92 : 3	429 : 5

3

a) Du erhältst meine Zahl, wenn du das 6-Fache von 60 durch die Zahl 90 dividierst.   4

b) Du erhältst meine Zahl, wenn du das 24-Fache von 8 durch die Zahl 3 dividierst.   10

c) Du erhältst meine Zahl, wenn du den 3. Teil von 120 mit der Zahl 9 multiplizierst.   9

d) Wenn du den 7. Teil von 21 mit dem 4. Teil von 144 multiplizierst, erhältst du meine Zahl.   9

e) Ich denke mir eine Zahl. Wenn du den 9. Teil meiner Zahl durch 8 teilst, erhältst du 7.   9

f) Schreibe eigene Zahlenrätsel für deinen Partner.

4

180
9 · 20	2 · 90
20 · 9	90 · 2
180 : 20	180 : 90
180 : 9	180 : 2

560
7 · 80	8 · 70
80 · 7	70 · 8
560 : 80	:
560 : 7	:

400
8 · 50	5 · 80
50 · 8	·
400 : 50	:
400 : 8	:

280
· 70	40 ·
· 4	7 ·
: 70	280 :
: 4	280 :

480
6 · 80	60 · 8
·	·
:	:
:	:

720
·	·
·	·
:	:
:	:

Rechnen und entdecken

1

2 Wähle jeweils 2 dreistellige Zahlen von Aufgabe 1 und subtrahiere sie voneinander.

a) Finde Subtraktionsaufgaben, bei denen das Ergebnis:
– größer als 150 ist.
– zwischen 95 und 150 liegt.
– kleiner als 95 ist.

 b) Betrachte die Ergebnisse, die kleiner als 95 sind. Was fällt dir auf?

c) Teile die Ergebnisse, die größer als 95 sind, durch 9. Was fällt dir auf?

 d) Wie viele Subtraktionsaufgaben könnt ihr mit den Zahlen von Aufgabe 1 insgesamt bilden?

3

Bilde aus diesen Ziffern dreistellige Zahlen und subtrahiere sie voneinander.

a) Welche beiden Zahlen bilden den größten Unterschied?

b) Der kleinste Unterschied beträgt 0. Finde passende Aufgaben. Wie viele gibt es?

 c) Es gibt 2 Aufgaben mit dem zweitkleinsten Ergebnis. Finde sie.

 d) Es gibt 2 Aufgaben mit dem zweitgrößten Ergebnis. Finde auch sie.

4

Bilde wieder dreistellige Zahlen und subtrahiere sie voneinander.

a) Welche Aufgabe hat das Ergebnis 666?

b) Welche Aufgaben haben das Ergebnis 333?

c) Welche Aufgabe hat das Ergebnis 630? Welche das Ergebnis 360?

d) Welche Aufgabe hat das Ergebnis 63? Welche das Ergebnis 36?

Rechnen und entdecken

1 Malpyramiden – Multipliziere und triff die 600.

a) 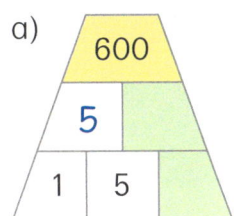   b) 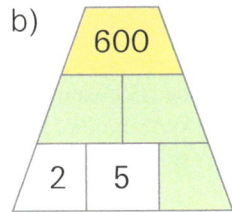   c) 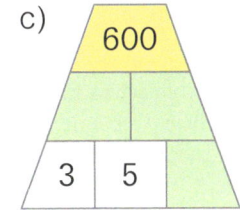   d)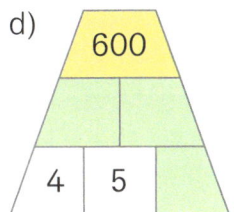

e) 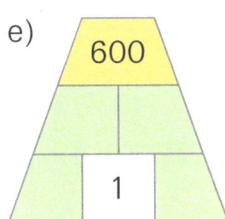   f)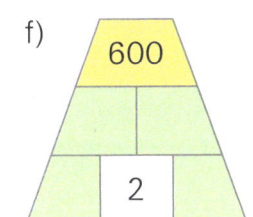

Bei den Pyramiden e) und f) gibt es viele verschiedene Lösungen. Findest du alle?

2 Zahlenmauern – Addiert und trefft die 1000.

a) Löst durch Probieren.

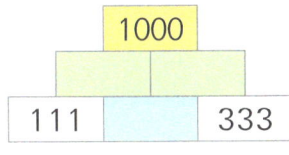   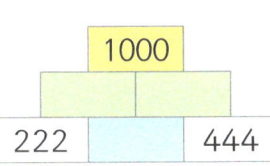   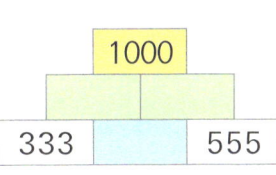

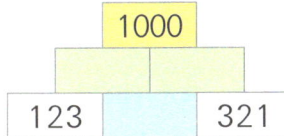   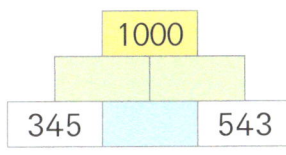   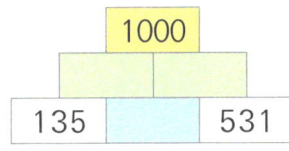

Baue weitere solche Rechenmauern. Betrachte die Zahlen im blauen Stein. Was fällt dir auf? Notiere in deinem Lerntagebuch.

b) Vergleicht die Ergebnisse im blauen Stein mit denen von a). Was fällt euch auf? Begründet.

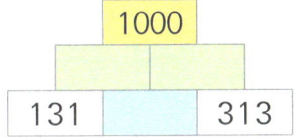   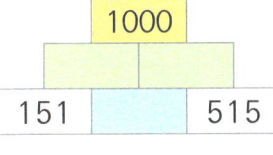   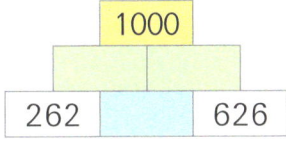   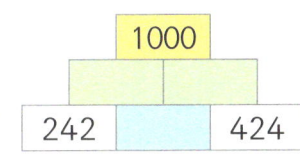

c) Welche Ergebnisse werden hier im blauen Stein stehen? Vermutet zuerst und begründet eure Vermutung. Kontrolliert dann durch Rechnen.

11

Wolkenkratzer — Lösungsschritte sinnvoll anwenden

Lösungsschritte bei Rechengeschichten

1. **Erfasse,** worum es geht.
2. **Überlege,** was **gefragt** ist. F
3. **Suche einen Lösungsweg.** L
4. **Löse** die Aufgabe.
5. **Überprüfe,** ob dein Ergebnis stimmen kann.
6. **Antworte** in einem ganzen Satz. A

Burj Khalifa – das höchste Gebäude der Welt

Seit 2010 ist der Burj Khalifa in Dubai in den Vereinigten Arabischen Emiraten das höchste Gebäude der Welt. Er ist 828 m hoch. Das arabische Wort Burj (gesprochen Burdsch) heißt auf deutsch Turm.

Der Burj Khalifa löste damit den Taipei 101 in der Republik China mit 508 m und 101 Stockwerken an der Spitze der Wolkenkratzer ab. Der Burj Khalifa hat 189 Stockwerke. In der 124. Etage befindet sich eine Aussichtsplattform in einer Höhe von 452 m. Die beiden Hauptaufzüge dorthin haben eine Geschwindigkeit von 10 m in der Sekunde. Im Gebäude befinden sich insgesamt 57 Aufzüge. Wer zu Fuß auf den Burj Khalifa will, muss bis zum 160. Stockwerk 2909 Treppenstufen steigen.

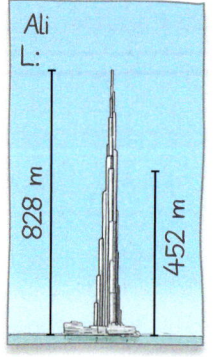

Ali
L: 828 m / 452 m

Katharina
L:

Sekunden	Höhe
1	10 m
2	▢ m

Laura
L: 189 − 101 = ▢

1 a) Welche Fragen bearbeiten die Kinder gerade? Welche Lösungshilfen haben sie verwendet?

b) Bearbeite alle Fragen. Welche kannst du aus dem Text beantworten, welche nicht?

1. Wie viele Meter ist der Burj Khalifa höher als der Taipei 101?
2. Wie viele Stockwerke hat der Taipei 101 weniger als der Burj Khalifa?
3. Wie lange braucht ein Hauptaufzug bis zur Besucherplattform?
4. Wie schnell sind die Aufzüge im Taipei 101?
5. Wie weit ist es von der 124. Etage bis zur Spitze des Burj Khalifa?
6. Wie viele Jahre dauerte die Bauzeit für den Burj Khalifa?

2

Wolkenkratzer – Skyscrapers

Seit 2012 ist der Mecca Royal Clock Tower in Saudi Arabien mit 601 m das zweithöchste Gebäude der Welt. 2013 wurde in New York (USA) das neue 541 m hohe One World Trade Center fertiggestellt. Es steht an der Stelle des am 11. September 2001 zerstörten alten World Trade Centers. Das höchste Gebäude Westeuropas steht in London (England): The Shard ist 310 m hoch und hat 87 Stockwerke. Deutschlands höchstes Gebäude ist der Commerzbank Tower in Frankfurt/Main mit 56 Stockwerken. Als Wolkenkratzer oder Skyscrapers bezeichnet man Gebäude ab einer Höhe von 100 m.

Stellt Fragen, löst und antwortet. Überprüft, ob eure Ergebnisse stimmen können.

3

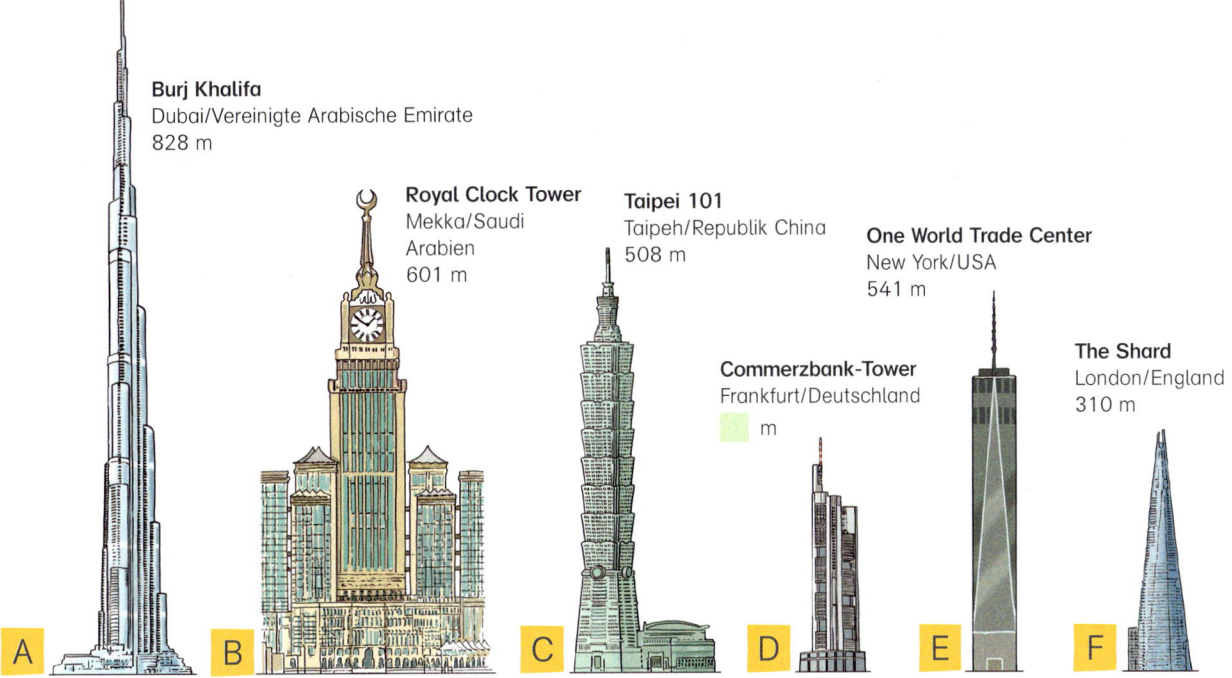

a) Ordne die Wolkenkratzer der Größe nach in einer Tabelle.

b) Zeichne ein Diagramm. 1 cm soll 100 m Höhe entsprechen.

Weitere Informationen zu Wolkenkratzern findest du im Internet.

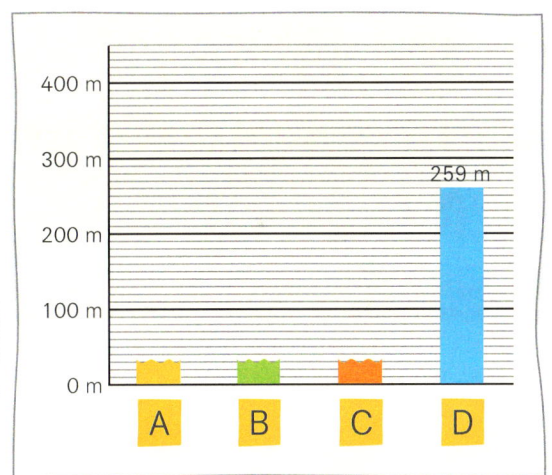

c) Boris hat ausgerechnet, dass sein Schulhaus 647 m kleiner ist als der Burj Khalifa. Kann das sein?

4

a) Kinder vergleichen die Höhe von Wolkenkratzern. Welche sind es? Ergänze fehlende Aufgaben und Lösungsschritte.

Mike
L: 310 m + ▢ = 508 m
A: Der Taipei 101 ist ▢ m höher als ...

Caro
L: 828 m
   − ▢ m
   ‾‾‾‾‾
    227 m

Mary
L: ▢ m
   −259 m
   ‾‾‾‾‾
    282 m

Mark
L: ▢ m − 259 m = 51 m
A: Der Unterschied zwischen ...

b) Vergleicht die Höhe von Wolkenkratzern mit Bauwerken in eurer Umgebung.

c) Schreibe eigene Aufgaben für deinen Partner.

Große Zahlen

a) Findet verschiedene Möglichkeiten, wie ihr die ungefähre Anzahl der Zuschauer auf dem Bild herausfinden könnt. Vergleicht eure Ergebnisse.

b) Wie viele Zuschauer haben wohl im ganzen Stadion Platz? Sucht Lösungsmöglichkeiten und vergleicht eure Ergebnisse.

2 Paul hat in Zeitungen und im Internet viele große Zahlen entdeckt.

große Zahlen ...

Die Donau ist nach der Wolga der zweitlängste Fluss Europas. Sie hat eine Länge von ungefähr 2 845 km. Davon fließt die Donau 385 km durch Bayern.

Der höchste Berg der Erde ist der Mount Everest mit einer Höhe von 8 848 m. Der zweithöchste Berg ist der K2, der 237 m niedriger ist und eine Höhe von 8 611 m hat.

Durchschnittlich isst jeder Deutsche im Jahr 7 100 g Bananen, 1 700 g Erdbeeren, 3 600 g Karotten und 4 900 g Tomaten. Bei Süßem mit Schokolade liegt der Pro-Kopf-Verbrauch bei 9 610 g.

noch größere Zahlen ...

Am 14.10.2012 sprang der Österreicher Felix Baumgartner als erster Mensch aus einer Höhe von 39 045 km im freien Fall. Er durchbrach dabei die Schallmauer.

Der Äquator teilt die Erdoberfläche in eine Nord- und in eine Südhälfte. Die Länge des Äquators wird mit ungefähr 40 075 km angegeben.

Im Dezember 2012 wurde in Italien eine riesengroße Pizza gebacken. Sie hatte den Durchmesser von 40 m und wog 23 250 kg. Die Pizza wurde in speziellen Öfen gebacken und in 50 000 Portionen eingeteilt.

Sammelt selbst Zeitungsausschnitte mit großen Zahlen und gestaltet ein Plakat. Ihr könnt wie Paul auch im Internet suchen.

Zahlen bis 10 000

1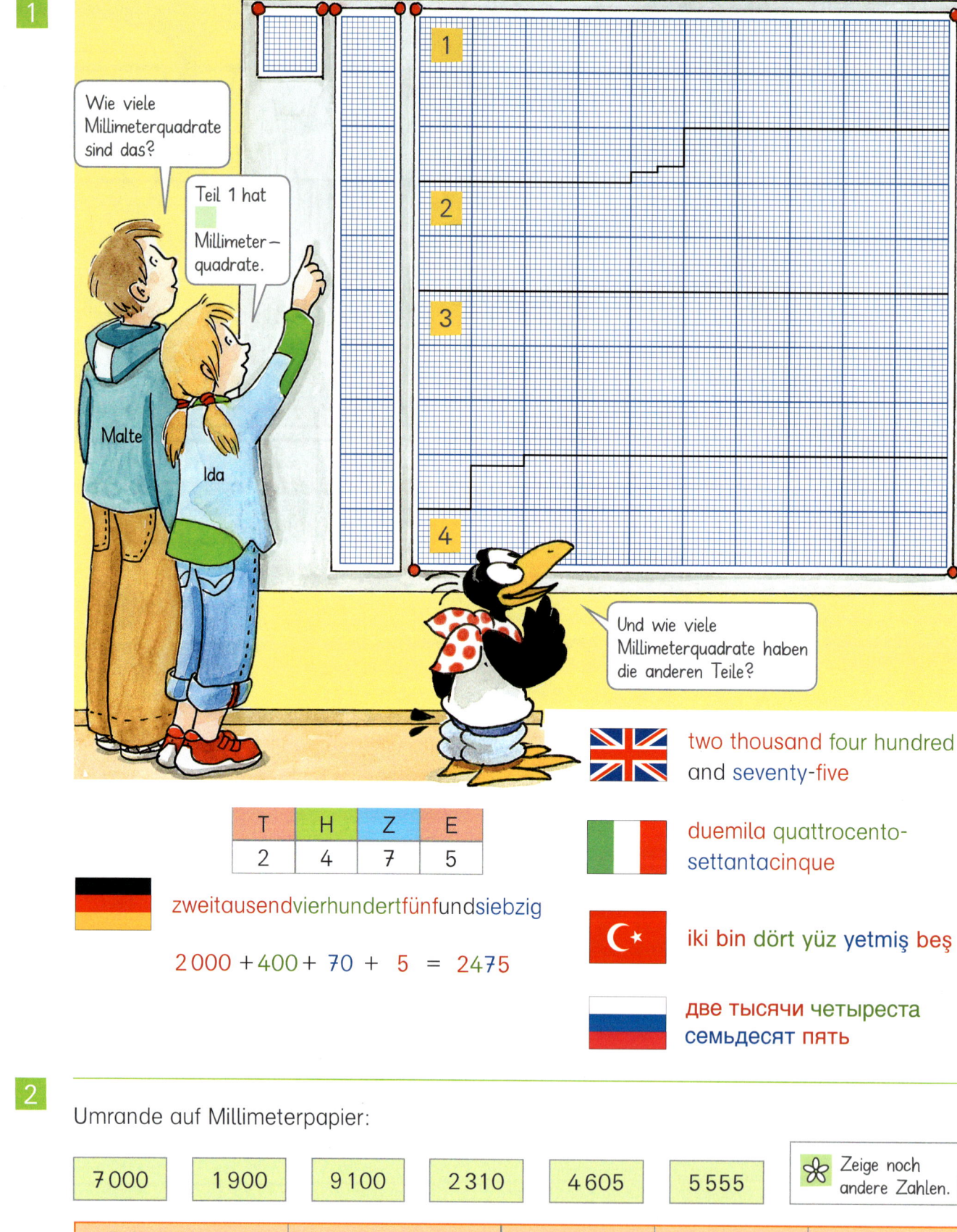

two thousand four hundred and seventy-five

duemila quattrocentosettantacinque

iki bin dört yüz yetmiş beş

две тысячи четыреста семьдесят пять

T	H	Z	E
2	4	7	5

zweitausendvierhundertfünfundsiebzig

2 000 + 400 + 70 + 5 = 2 475

2 Umrande auf Millimeterpapier:

| 7 000 | 1 900 | 9 100 | 2 310 | 4 605 | 5 555 |

Zeige noch andere Zahlen.

Zehntausender	Tausender	Hunderter	Zehner	Einer
10 000	1 000	100	10	1
1 ZT = ☐ T	1 T = ☐ H	1 H = ☐ Z	1 Z = ☐ E	1 E

16

Zahlen bis 10 000

1 Die Klasse 4b will herausfinden, wie viel 10 000 sind.

2 Die Kinder haben Aufgaben mit großen Zahlen geschrieben. Welche Antwort ist jeweils richtig? Schätze zuerst und rechne dann.

Unser Mathebuch hat 128 Seiten. Wie viele „Nussknacker" braucht man für 10 000 Seiten? A: etwa 50 B: etwa 80 C: etwa 120	Eine Runde auf dem Sportplatz ist 400 m lang. Wie viele Runden sind 10 000 m? A: 25 B: 14 C: 38
In einer Tüte Gummibärchen (200 g) sind etwa 90 Stück. Wie viele Tüten ergeben ungefähr 10 000 Stück? A: etwa 200 B: etwa 75 C: etwa 110	Jettes Schrittlänge beträgt ungefähr 50 cm. Wie viele Meter weit kommt Jette mit 10 000 Schritten? A: etwa 1000 m B: etwa 9 000 m C: etwa 5 000 m
Ich habe mit 120 Legosteinen ein Haus gebaut. Wie viele Häuser könnte ich ungefähr mit 10 000 Steinen bauen? A: etwa 80 B: etwa 100 C: etwa 120	Kässpatzen aus 500 g Mehl machen ungefähr 5 Personen satt. Wie viele Personen werden von Kässpatzen aus 10 000 g Mehl satt? A: etwa 50 B: etwa 100 C: etwa 500

❀ Überlege dir weitere Aufgaben mit großen Zahlen für deinen Partner.

Zahlen bis 100 000

1

Hier sind ▢ Millimeterquadrate gefärbt.

Ida

Beim Lesen muss ich ganz schön aufpassen.

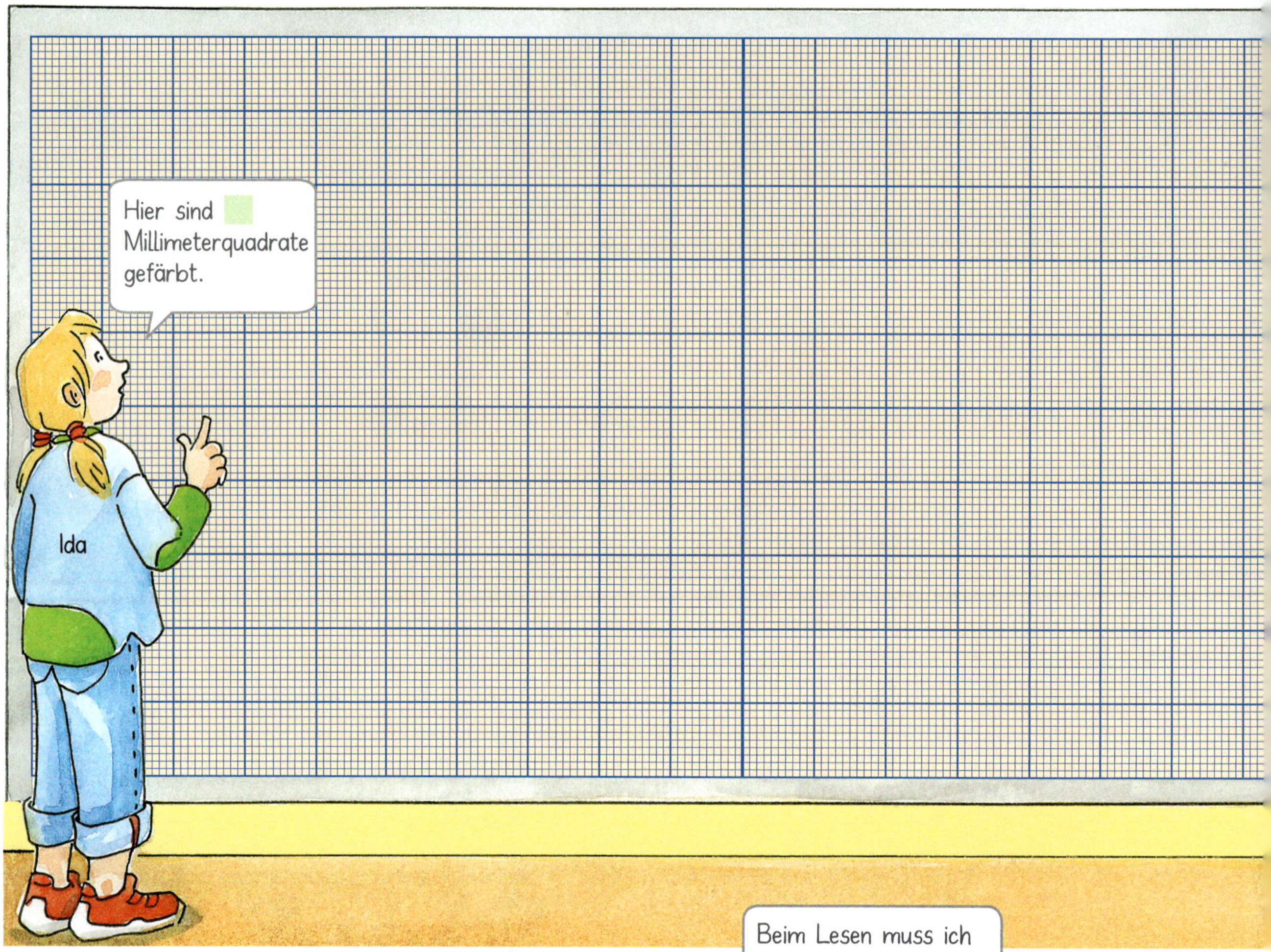

ZT	T	H	Z	E
2	1	6	4	5

einundzwanzigtausendsechshundertfünfundvierzig

20 000 + 1 000 + 600 + 40 + 5 = 21 645

21 645

2 Umrande auf Millimeterpapier.

| 19 000 | 15 500 | 17 170 | 13 469 |
| 13 000 | 21 700 | 21 070 | 29 999 |

✽ Zeige noch andere Zahlen.

Hunderttausender	Zehntausender	Tausender	Hunderter	Zehner	Einer
100 000	10 000	1 000	100	10	1
1 HT = ▢ ZT	1 ZT = ▢ T	1 T = ▢ H	1 H = ▢ Z	1 Z = ▢ E	1 E

1 Der rote Strich dient als Lesehilfe.

3 Kinder der Klasse 4b wollen nun herausfinden, wie viel 100 000 sind.

Zahlen bis 100 000

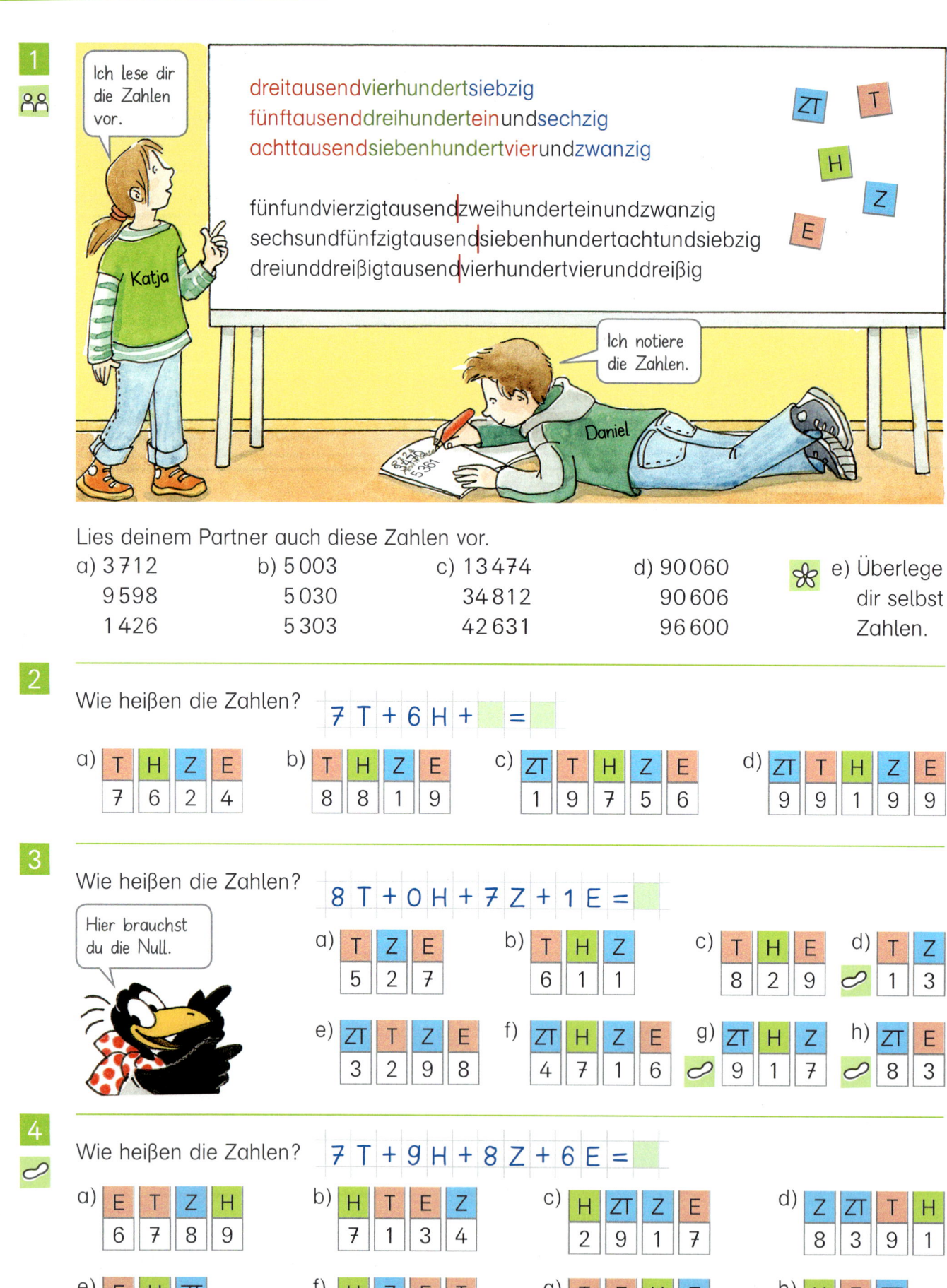

1 Lies deinem Partner auch diese Zahlen vor.
a) 3 712
   9 598
   1 426
b) 5 003
   5 030
   5 303
c) 13 474
   34 812
   42 631
d) 90 060
   90 606
   96 600
e) Überlege dir selbst Zahlen.

2 Wie heißen die Zahlen?   7 T + 6 H + ☐ = ☐

a) | T | H | Z | E |
   |---|---|---|---|
   | 7 | 6 | 2 | 4 |

b) | T | H | Z | E |
   |---|---|---|---|
   | 8 | 8 | 1 | 9 |

c) | ZT | T | H | Z | E |
   |----|---|---|---|---|
   | 1 | 9 | 7 | 5 | 6 |

d) | ZT | T | H | Z | E |
   |----|---|---|---|---|
   | 9 | 9 | 1 | 9 | 9 |

3 Wie heißen die Zahlen?   8 T + 0 H + 7 Z + 1 E = ☐

Hier brauchst du die Null.

a) | T | Z | E |
   |---|---|---|
   | 5 | 2 | 7 |

b) | T | H | Z |
   |---|---|---|
   | 6 | 1 | 1 |

c) | T | H | E |
   |---|---|---|
   | 8 | 2 | 9 |

d) | T | Z |
   |---|---|
   | 1 | 3 |

e) | ZT | T | Z | E |
   |----|---|---|---|
   | 3 | 2 | 9 | 8 |

f) | ZT | H | Z | E |
   |----|---|---|---|
   | 4 | 7 | 1 | 6 |

g) | ZT | H | Z |
   |----|---|---|
   | 9 | 1 | 7 |

h) | ZT | E |
   |----|---|
   | 8 | 3 |

4 Wie heißen die Zahlen?   7 T + 9 H + 8 Z + 6 E = ☐

a) | E | T | Z | H |
   |---|---|---|---|
   | 6 | 7 | 8 | 9 |

b) | H | T | E | Z |
   |---|---|---|---|
   | 7 | 1 | 3 | 4 |

c) | H | ZT | Z | E |
   |---|----|---|---|
   | 2 | 9 | 1 | 7 |

d) | Z | ZT | T | H |
   |---|----|---|---|
   | 8 | 3 | 9 | 1 |

e) | E | H | ZT |
   |---|---|----|
   | 4 | 13| 1 |

f) | H | Z | E | T |
   |---|---|---|---|
   | 5 | 1 |10 | 4 |

g) | T | E | H | Z |
   |---|---|---|---|
   | 1 | 3 |11 | 5 |

h) | H | E | ZT |
   |---|---|----|
   | 9 | 17| 2 |

Zahlen bis 100 000

1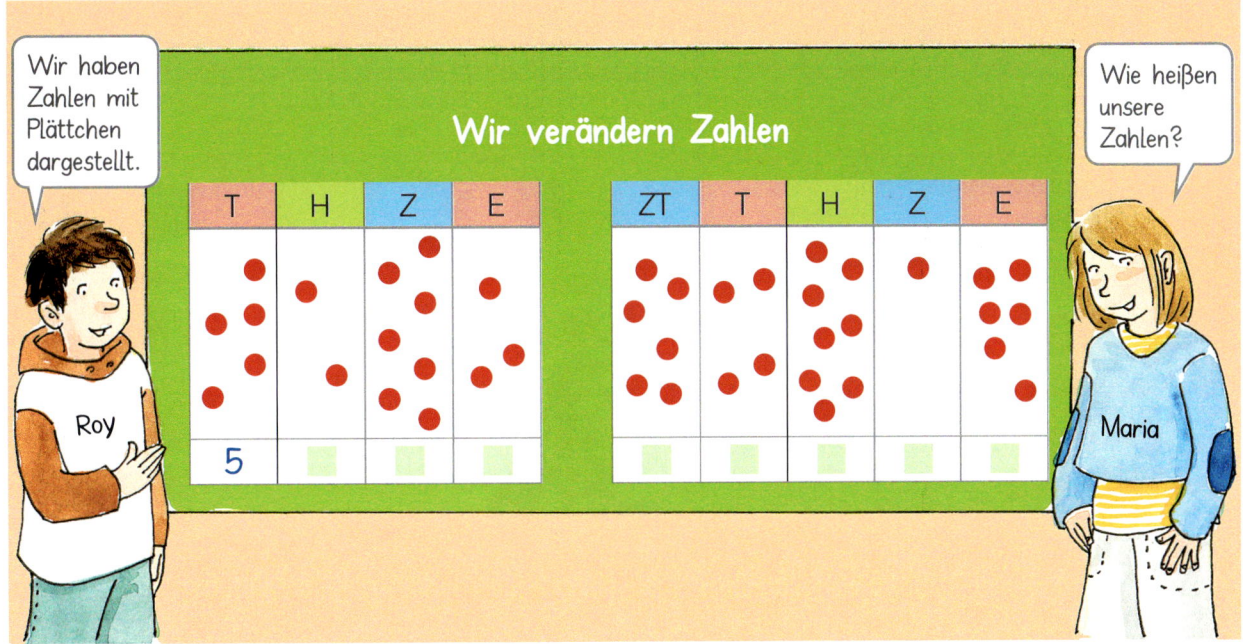

✿ Welche Zahlen können entstehen, wenn jeder in seiner Tabelle …

a) ein Plättchen dazulegt?
b) ein Plättchen wegnimmt?
c) ein Plättchen umlegt?
d) zwei Plättchen dazulegt?
e) zwei Plättchen wegnimmt?

2 Große Zahlen mit 4 Würfeln.

a) Tom würfelt mit 4 Würfeln 2, 3, 5 und 6.
Daraus bildet er die Zahlen 2 356 und 6 532.
Welche Zahlen kann Tom noch bilden?

 b) Würfle selbst mit 4 Würfeln.
Welche vierstelligen Zahlen kannst du bilden?

 c) Maria kann mit ihrem Wurf nur eine einzige
vierstellige Zahl bilden. Was könnte Maria gewürfelt haben?

 d) Paul kann mit seinem Wurf 4 verschiedene
vierstelligen Zahlen bilden. Was könnte Paul gewürfelt haben?

|2|3|5|6|
|6|5|3|2|

3 Welche Zahlen fehlen?

a) 2 000 + 600 + 90 + ▩ = 2 694
   4 000 + 500 + ▩ + 3 = 4 573
   8 000 + ▩ + 10 + 2 = 8 912
   ▩ + 700 + 30 + 6 = 3 736
   9 000 + ▩ + 70 + 9 = 9 179

b) 40 000 + ▩ + 7 000 + 90 + ▩ = 47 592
   90 000 + 30 + 8 + ▩ + ▩ = 92 738
   80 000 + 100 + ▩ + 20 + ▩ = 85 123
   ▩ + ▩ + 4 000 + 300 + 6 = 64 396
   20 000 + ▩ + 70 + ▩ + 900 = 21 975

Zahlenstrahl bis 100 000

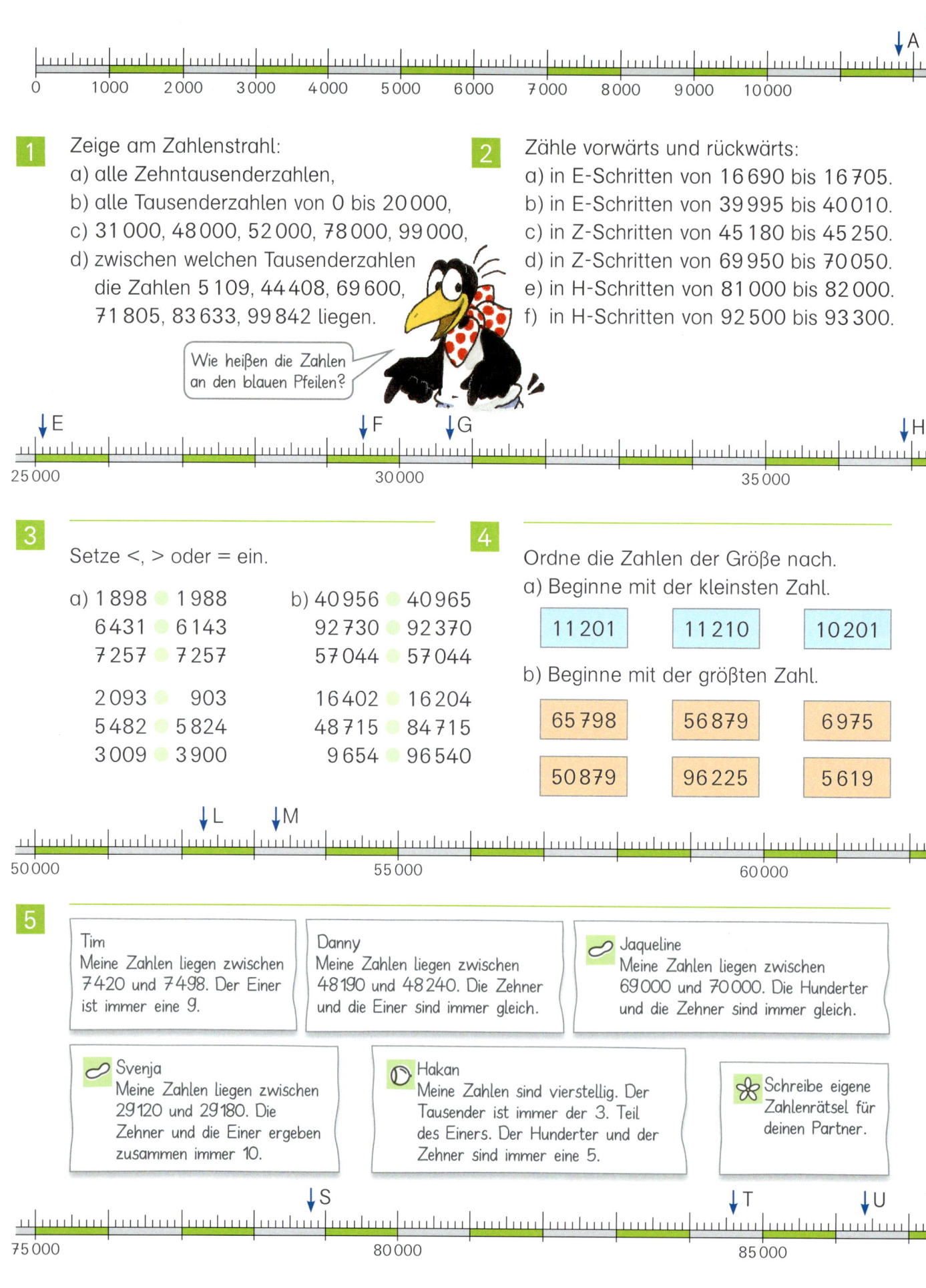

1 Zeige am Zahlenstrahl:
a) alle Zehntausenderzahlen,
b) alle Tausenderzahlen von 0 bis 20 000,
c) 31 000, 48 000, 52 000, 78 000, 99 000,
d) zwischen welchen Tausenderzahlen die Zahlen 5 109, 44 408, 69 600, 71 805, 83 633, 99 842 liegen.

Wie heißen die Zahlen an den blauen Pfeilen?

2 Zähle vorwärts und rückwärts:
a) in E-Schritten von 16 690 bis 16 705.
b) in E-Schritten von 39 995 bis 40 010.
c) in Z-Schritten von 45 180 bis 45 250.
d) in Z-Schritten von 69 950 bis 70 050.
e) in H-Schritten von 81 000 bis 82 000.
f) in H-Schritten von 92 500 bis 93 300.

3 Setze <, > oder = ein.
a) 1 898 ● 1 988
6 431 ● 6 143
7 257 ● 7 257

2 093 ● 903
5 482 ● 5 824
3 009 ● 3 900

b) 40 956 ● 40 965
92 730 ● 92 370
57 044 ● 57 044

16 402 ● 16 204
48 715 ● 84 715
9 654 ● 96 540

4 Ordne die Zahlen der Größe nach.
a) Beginne mit der kleinsten Zahl.
11 201 | 11 210 | 10 201

b) Beginne mit der größten Zahl.
65 798 | 56 879 | 6 975
50 879 | 96 225 | 5 619

5

Tim
Meine Zahlen liegen zwischen 7 420 und 7 498. Der Einer ist immer eine 9.

Danny
Meine Zahlen liegen zwischen 48 190 und 48 240. Die Zehner und die Einer sind immer gleich.

Jaqueline
Meine Zahlen liegen zwischen 69 000 und 70 000. Die Hunderter und die Zehner sind immer gleich.

Svenja
Meine Zahlen liegen zwischen 29 120 und 29 180. Die Zehner und die Einer ergeben zusammen immer 10.

Hakan
Meine Zahlen sind vierstellig. Der Tausender ist immer der 3. Teil des Einers. Der Hunderter und der Zehner sind immer eine 5.

Schreibe eigene Zahlenrätsel für deinen Partner.

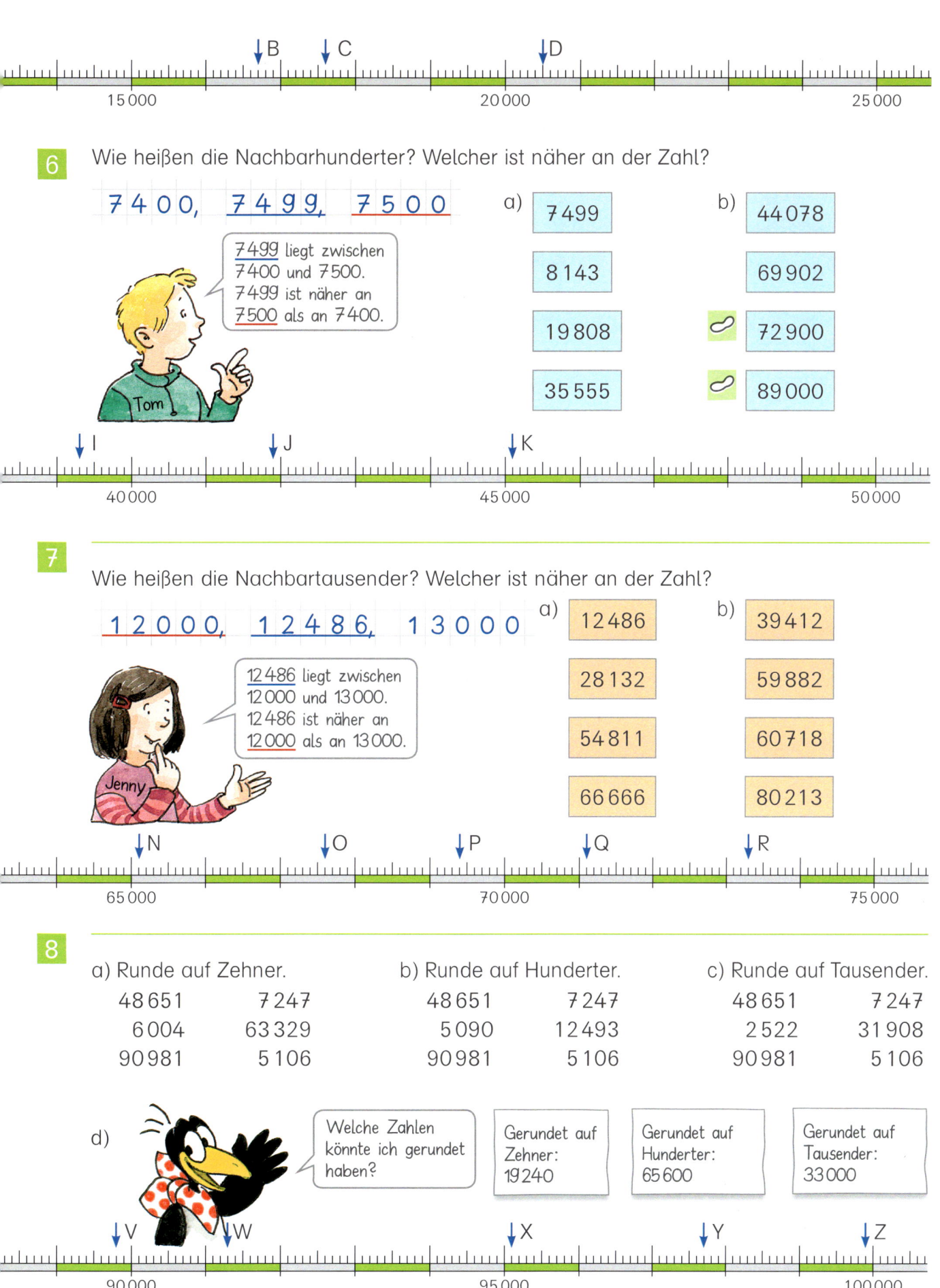

Zahlen erforschen

1

Spielanleitung

Ihr braucht:
jeder eine Stellenwerttafel,
1 Spielwürfel, Stift

Ziel:
Wer nach 5 Würfen die größte Zahl in seiner Stellenwerttafel stehen hat, gewinnt.

So geht es:
Es wird abwechselnd gewürfelt. Jeder entscheidet, an welcher Stelle er seine gewürfelte Zahl in der Stellenwerttafel aufschreibt.
Nach 5 Würfen werden die beiden Zahlen in der Stellenwerttafel verglichen.

2 Suche alle Zahlen heraus,

a) die kleiner als 47 500 sind,
b) die größer als 74 580 sind,
c) die zwischen 47 500 und 74 580 liegen,
d) die 3 Hunderter und mehr als 4 Zehner haben,
e) deren Tausenderzahl doppelt so groß ist wie die Einerzahl,
f) die ungerade sind.

98 344	74 573
19 355	47 096
74 580	377
2 011	6 603
80 045	47 502

Finde jeweils noch 3 andere Zahlen.

3 Errechne die Quersummen. Was fällt dir auf?

a) 4 645 2 827 1 918
   5 536 9 181 7 354

b) 44 442 35 091 17 334
   80 082 62 811 53 703

4

a) Finde dreistellige Zahlen mit den vorgegebenen Quersummen.

| Q1 1 Lösung | Q2 3 Lösungen |
| Q3 6 Lösungen | Q4 10 Lösungen |

b) Finde vierstellige Zahlen mit den vorgegebenen Quersummen.

| Q1 1 Lösung | Q2 4 Lösungen |
| Q3 10 Lösungen | Q4 20 Lösungen |

Zahlenmuster entdecken

1

a) Ordne den Namen der Kinder die passenden Zahlen zu. Erkläre.
b) Darf am Anfang einer Namenszahl die 0 stehen? Begründe.
c) Finde für jedes Kind noch 5 andere Zahlen.
d) Schreibe für jedes Kind die kleinste und die größte Zahl auf.

2
a) Finde Namenszahlen, die als Tausender eine 1 haben.
b) Finde Namenszahlen, deren Einer halb so groß ist wie der Hunderter.
c) Wie viele LILI-Zahlen gibt es, bei denen als Hunderter eine 4 steht?
d) Wie viele PIPPI-Zahlen findest du mit der Zahl 5?
e) Findest du heraus, wie viele ANNA-Zahlen es insgesamt gibt?
f) Wie viele PIPPI-Zahlen gibt es insgesamt?

Kannst du unsere Namen auch in Geheimschrift lesen?

Finde noch andere Namen für die Geheimschrift.

3
Anna sucht jeweils die nächstkleinere und die nächstgrößere Namenszahl.

Welche Zahlen sind richtig?

5 115

kleinere	größere
4 114	6 116
4 994	5 225
5 005	6 006

8 668	71 771
4 343	53 553
6 060	9 696
878	2 002

Vorteilhaft addieren mit großen Zahlen

1

2 Rechne wie Katrin und Jonas.

a) 15 401 + 3 999 14
   22 511 + 1 999 12
   44 621 + 4 999 21

b) 31 252 + 7 998 19
   72 554 + 5 998 27
   84 356 + 3 998 28

c) 8 999 + 74 511 17
   7 099 + 87 432 22
   6 199 + 65 312 15

3 Rechne wie Laura.

a) 102 + 16 304 17
   605 + 24 115 15
   803 + 41 007 14

b) 7 002 + 22 996 37
   8 013 + 61 004 23
   5 430 + 82 105 28

c) 4 104 + 55 008 18
   7 628 + 67 202 22
   5 056 + 92 614 29

4 Wie rechnest du?

a)   406 + 18 111 22
    63 722 + 2 005 27
     1 998 + 46 502 17
    44 126 + 3 999 20

b) 44 318 + 4 002 17
    2 605 + 72 005 18
   11 231 + 2 999 10
   35 141 + 20 099 16

c) 85 571 + 9 999 26
    6 003 + 81 126 27
    9 440 + 20 225 28
   20 498 + 20 022 11

5

a)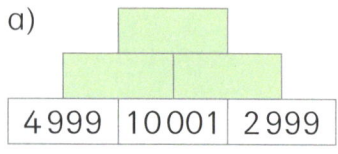
4 999 | 10 001 | 2 999

b)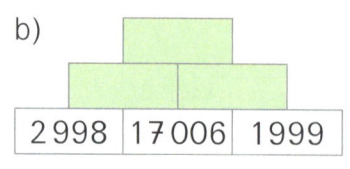
2 998 | 17 006 | 1 999

c)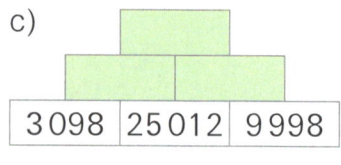
3 098 | 25 012 | 9 998

d)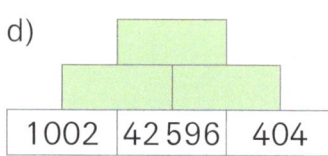
1 002 | 42 596 | 404

e)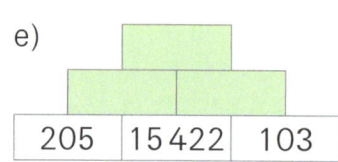
205 | 15 422 | 103

f)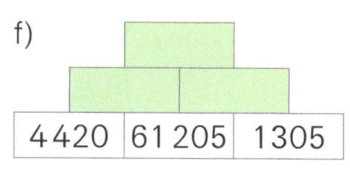
4 420 | 61 205 | 1 305

Addieren mit großen Zahlen

Ihr braucht: 2 Würfel, 1 Spielplan pro Spieler
So geht es: Die Spieler würfeln abwechselnd beide Würfel und tragen die Augenzahlen auf ihrem Spielplan ein. Zum Schluss werden die Zahlen addiert.
Ziel: Das Ergebnis soll möglichst nahe an 10 000 liegen.

2

Wer hat gewonnen?

a) Sophie   Kostas
```
  T H Z E         T H Z E
  3 5 2 3         6 5 1 6
+ 6 4 4 6       + 3 6 5 4
```

b) Johanna   Jannick
```
  T H Z E         T H Z E
  4 5 3 2         6 5 4 6
+ 5 5 6 2       + 3 4 5 4
```

3

Es wurden gleichzeitig 8 Würfel geworfen. Wie kommt ihr mit diesen Zahlen nahe an 10 000?

c) Ergänze einen Würfel.

4

Finde die Rechenfehler. Bei manchen Aufgaben reicht der Überschlag.

```
  9 5 2 7
+ 8 2 8 2
       1
-------
1 7 8 0 9
```

So stimmt es. Hier wurde der Übertrag vergessen.

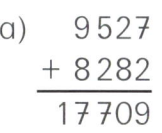

a) 9527   b) 2347   c) 8133
  + 8282   + 5265   + 2499
  ------   ------   ------
   17709   7512   12632

d) 22538   e) 55212   f) 67763
 + 48682   + 19998   + 11531
  ------   ------   ------
   71120   85210   78294

Vorteilhaft subtrahieren mit großen Zahlen

1

2 Rechne wie Katrin und Jonas.

a) 55 433 − 299 ₁₈
88 633 − 399 ₂₅
96 933 − 899 ₂₂

b) 88 639 − 7 999 ₁₈
76 469 − 5 999 ₁₈
67 509 − 3 999 ₁₅

c) 79 218 − 6 998 ₁₃
87 654 − 5 099 ₂₅
94 373 − 2 998 ₂₅

3 Rechne wie Laura.

a) 19 496 − 19 492 ₄
48 779 − 48 771 ₈
88 657 − 88 651 ₆

b) 37 487 − 37 477 ₁
22 933 − 22 733 ₂
67 851 − 61 851 ₆

c) 45 862 − 39 862 ₆
68 591 − 67 491 ₂
99 735 − 98 635 ₂

4 Wie rechnest du?

a) 42 754 − 399 ₁₉
20 469 − 20 462 ₇
18 133 − 18 130 ₃
98 744 − 699 ₂₆

b) 42 877 − 22 677 ₄
67 594 − 6 999 ₂₅
99 431 − 99 031 ₄
86 869 − 4 999 ₂₄

c) 97 108 − 6 998 ₁₁
48 537 − 42 137 ₁₀
49 367 − 4 998 ₂₆
35 798 − 15 598 ₄

5

a) 58 009 / 2 999 / 1 999

b) 48 804 / 9 999 / 2 999

c) 87 508 / 6 998 / 4 698

d) 28 413 / 22 413 / 20 413

e) 49 688 / 35 688 / 10 600

f) 73 755 / 71 255 / 1 250

Subtrahieren mit großen Zahlen

1

Ihr braucht: 2 Würfel, 1 Spielplan pro Spieler
So geht es: Die Spieler würfeln abwechselnd beide Würfel und tragen die Augenzahlen auf ihrem Spielplan ein. Zum Schluss werden die Zahlen subtrahiert.
Ziel: Das Ergebnis soll möglichst nahe an 1000 liegen.

2 Wer hat gewonnen?

a) Sophie   Kostas
```
  T H Z E        T H Z E
  4 6 2 1        6 6 4 5
- 3 5 3 6      - 5 5 4 6
```

b) Johanna   Jannick
```
  T H Z E        T H Z E
  5 4 6 3        6 2 3 1
- 3 5 1 3      - 5 1 2 1
```

3 Es wurden gleichzeitig 8 Würfel geworfen. Wie kommt ihr mit diesen Zahlen nahe an 1000?

 a) 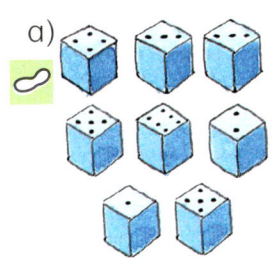   b) 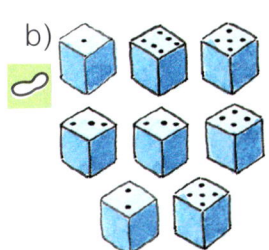   c) Ergänze einen Würfel.

4 Finde die Rechenfehler. Bei manchen Aufgaben reicht der Überschlag.

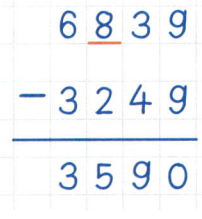 

a) 6 839   b) 8 721   c) 9 872
  − 3 249   − 5 492   − 5 983
    2 590   3 339   4 999

d) 39 531   e) 42 555   f) 94 372
  − 28 692   − 22 455   − 77 586
    11 939   10 100   17 786

Multiplizieren und dividieren

1

H	Z	E
	2	4
2	4	0

:10 ↷ ↶ ·10

T	H	Z	E
		2	4
2	4	0	0

:100 ↷ ↶ ·100

ZT	T	H	Z	E
			2	4
2	4	0	0	0

:1000 ↷ ↶ ·1000

2 Berechne von jeder Zahl:
a) das Zehnfache,
b) das Hundertfache,
c) das Tausendfache.

27	56	77
93	61	80

🫘 107   🫘 213   ⚪ 1 234

3
a)

·	1	10	100	1 000
12				
23				
34				

b)

:	1	10	100	1 000
98 000				
87 000				
76 000				

4
a) 8 800 · 10
    880 : 10
    8 808 · 10
    800 : 10

b) 77 000 : 1 000
    707 · 100
    7 700 : 10
    77 · 1 000

🫘 c) 550 · 100
    55 000 : 100
    5 050 · 10
    5 500 : 10

⚪ d) 111 000 : 100
    1 001 · 100
    101 000 : 1 000
    1 110 · 1 000

5 Was passt zusammen?

a) Beim Teilen durch 1
b) Beim Malnehmen mit 1000
c) Beim Teilen durch 100
d) Beim Malnehmen mit 10
e) Beim Teilen durch 1000

1) werden aus Hundertern Einer.
2) steht an der Einerstelle eine Null.
3) stehen an den letzten 3 Stellen Nullen.
4) werden aus Tausendern Einer.
5) bleibt die Zahl gleich.

Multiplizieren und dividieren

1  "Das ist ja einfach. Beim Multiplizieren addiere ich einfach die Anzahl der Nullen." — Nico

 "Stimmt. Und beim Dividieren ..." — Lina

Nullentricks

4 · 6 = 24	42 : 7 = 6
40 · 6 = 240	420 : 7 = 60
40 · 60 = 2 400	420 : 70 = 6
400 · 60 = 24 000	4 200 : 70 = 60

2
a) 7 · 5
7 · 50
7 · 500
7 · 5 000

b) 6 · 8
60 · 8
600 · 8
6 000 · 8

c) 32 : 8
320 : 8
3 200 : 8
32 000 : 8

d) 21 000 : 3
21 000 : 30
21 000 : 300
21 000 : 3 000

e) 90 · 60
90 · 600
900 · 60
9 000 · 6

f) 8 · 900
800 · 90
8 · 9 000
80 · 900

g) 810 : 90
8 100 : 90
81 000 : 900
81 000 : 9 000

h) 5 600 : 70
5 600 : 700
560 : 7
56 000 : 700

3 Das Legoland Günzburg bestellt 54 000 Steine für Wehrtürme einer Burganlage.
a) Baue 10 (100, 50, 500) gleiche Türme. Wie viele Steine können höchstens pro Turm verbaut werden?
b) Wie viele Steine werden bei 9 (8, 7, 3) Türmen höchstens verbaut? Wie viele Steine bleiben übrig?

4
a)
3 · 30
4 · 40
5 · 50
6 · ▨

2 · 40 + 10
3 · 50 + 10
4 · 60 + 10
5 · ▨ + ▨

b)
800 : 8
880 : 8
8 000 : 80
8 800 : 80
80 000 : ▨

600 : 3
660 : 3
6 000 : 30
6 600 : 30
60 000 : ▨

c)
2 · 30
20 · 30
20 · 300
200 · 300
200 · ▨

40 · 2 − 10
40 · 20 − 100
400 · 20 − 1 000
400 · 200 − ▨
4 000 · ▨ − ▨

 "Vergleiche jeweils die Ergebnisse der beiden Rollen. Was fällt dir auf? Notiere in deinem Lerntagebuch."

Teilbarkeitsregeln

1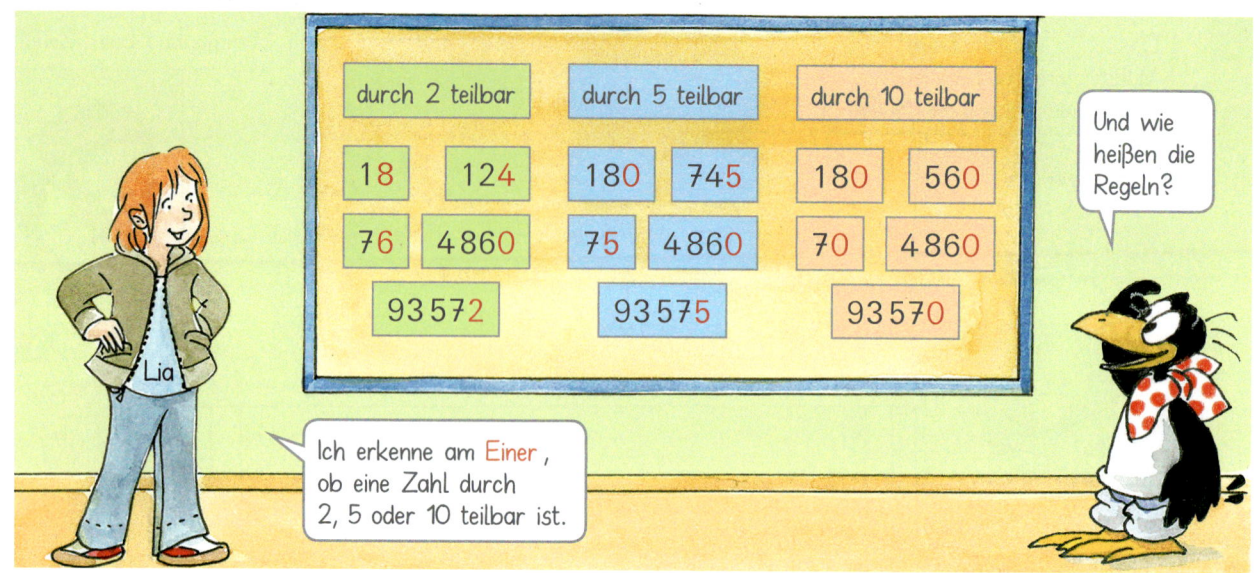

a) Welche Zahlen sind durch 2, welche durch 5 und welche durch 10 teilbar?

35	60	619	200	7777	40404
86	405	782	201	6498	0

Schreibe jeweils 5 weitere Zahlen auf.

b) Welche Zahlen zwischen 5720 und 5740 kann man durch 2 teilen?
c) Welche Zahlen zwischen 1960 und 2130 sind durch 10 teilbar?
d) Welche Zahlen zwischen 370 und 410 sind durch 5 teilbar?
e) Welche Zahlen zwischen 850 und 870 kann man nicht durch 2, 5 oder 10 teilen?

2 a)

Lia: Ich dividiere alle Zahlen durch 3 und betrachte die Ergebnisse. Welche Überschriften kann ich ergänzen?

Jan: Ich bilde von jeder Zahl die Quersumme und dividiere sie durch 3.

Und wie heißt die Regel?

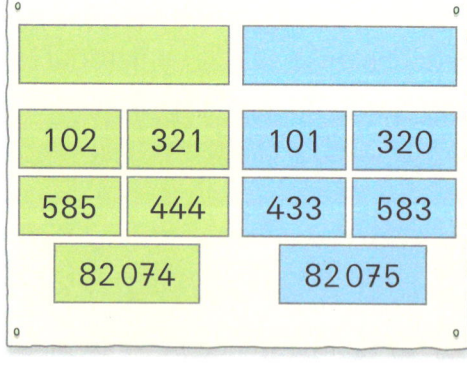

b) Welche der Zahlen zwischen 3450 und 3470 sind durch 3 teilbar?
c) Schreibe 5 vierstellige Zahlen auf, die durch 2 und 3 teilbar sind.
d) Schreibe die 5 kleinsten Zahlen auf, die durch 2, 3, 5 und 10 teilbar sind.

3

a) 480 : 4
481 : 4
482 : 4
483 : ▢

b) 842 : 3
844 : 3
846 : 3
848 : ▢

c) 2521 : 9
2521 : 8
2521 : 7
2521 : ▢

d) Erfinde selbst so eine Aufgabenrolle.

Mit Tabellen arbeiten

1 a) Tobias stellt seinem Freund Julian ein Rätsel.
Er sagt: „Von meinen beiden Brüdern ist Fabian 2 Jahre älter als ich und Florian 3 Jahre jünger als ich. Zusammen sind wir jetzt 38 Jahre alt."
Julian überlegt: „Florian ist der jüngste. Als Florian ein Jahr alt war, da war Tobias 4 und Fabian ..."
Er legt eine Tabelle an.

Florian	Tobias	Fabian	gesamt
1	4		

b) Inga hat 4 Autogrammkarten mehr als Anne, die 7 Karten weniger als Julia hat. Zusammen haben sie 68 Karten. Wie viele Autogrammkarten hat jede von ihnen?

c) Murat springt 50 cm weiter als Jonas. Sven kommt 40 cm weniger weit als Jonas. Die Summe der Sprungweiten von Murat und Sven beträgt 8,50 m. Wie weit springt jeder von ihnen?

d) Meike braucht für die Hausaufgaben 15 min länger als Lara, aber 26 min weniger als Sandra. Wenn man ihre Arbeitszeiten zusammenzählt, kommt man auf 1 h 56 min. Wie lange braucht jede von ihnen?

2 Auf dem Bauernhof laufen Hühner und Schafe frei herum. Trax schaut durch einen Schlitz im Zaun und zählt 44 Beine. Der Bauer sagt, er hat 5 Schafe mehr als Hühner.

Wie viele Hühner und wie viele Schafe sind es?

3 a) Jule braucht 3 neue Schulhefte.
Sie kauft sich zusammen mit ihrem Bruder eine Packung mit 5 Heften zu 2,50 €.
Wie viel muss sie davon bezahlen?
Sie legt sich eine Tabelle an.

	Anzahl	Preis	
:5	5	2,50 €	:5
·3	1	0,50 €	·3
	3		

b) Paul und Ida haben sich zusammen 10 Schokoriegel für 3 € gekauft. Paul nimmt 6 Riegel und Ida 4 Riegel. Paul rechnet aus, wie viel jeder für seine Riegel bezahlen muss.

c) Hannes schleppt 7 Backsteine mit insgesamt 21 kg. Sein kleiner Bruder Jan kann nur 4 Backsteine tragen. Hannes überlegt, wie viele Kilogramm beide zusammen tragen.

d) Sandra vergleicht die Einzelpreise:

Fruchtjoghurt

4 Becher (je 150 g) 1,60 €   6 Becher (je 150 g) 2,20 €.

4 Zwei Schnecken kriechen auf einem langen Ast aufeinander zu. Zu Beginn sind sie 1,80 m voneinander entfernt. Schnecke A schafft 1 cm in 2 Minuten. Schnecke B kommt in 5 Minuten 5 cm weit.

Wie lange dauert es, bis sie aufeinandertreffen?

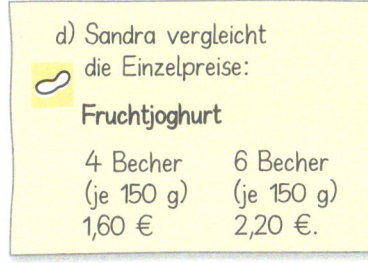

35

Mit Texten arbeiten

1 In diesem Text fehlt eine wichtige Information:

> Johannes rechnet aus, wie viel Zeit er in einem Monat für seine Hausaufgaben braucht. Er hat jeden Tag von Montag bis Freitag Hausaufgaben auf.
> Für Samstag und Sonntag gibt es keine.
> Er rechnet mit 4 Wochen im Monat.

Welche der folgenden Informationen brauchst du, um die Aufgabe zu lösen?

a) Ein Monat hat durchschnittlich 30 Tage.

b) Am Tag braucht er ungefähr 50 min für die Hausaufgaben.

c) Die Hausaufgaben vom Freitag macht er meistens erst am Samstag.

2 Jenny arbeitet an einer Sachaufgabe. Sie unterstreicht alles im Text, was sie zur Lösung der Aufgabe braucht.

> Leon hat seinen 2 Jahre alten Computer reparieren lassen. Das Fachgeschäft verrechnet zwei Arbeitsstunden zu je 25 €, einen neuen <u>Lüfter zu 7,50 €</u> und <u>zwei Kabel zu je 5,50 €</u>. Außerdem musste die <u>Soundkarte</u> ersetzt werden, die <u>19,75 €</u> kostet. Die Reparatur hat 3 Tage gedauert. Leon überprüft die Rechnung und bezahlt.

a) Welche dieser Fragen möchte sie beantworten?

F: Wie hoch ist der Arbeitslohn insgesamt?

F: Wie viel kosten die benötigten Ersatzteile?

F: Wie viel kostet die Reparatur insgesamt?

b) Schreibe den Text ins Heft. Wähle eine der beiden anderen Fragen aus und unterstreiche in einer anderen Farbe, was du zur Beantwortung deiner Frage brauchst. Löse und antworte.

c) Verändere die Preise in Jennys Sachaufgabe und schreibe den Text in dein Heft. Stelle eine Frage, unterstreiche entsprechend, löse und antworte.

3 Schreibe selbst eine Sachaufgabe. Nutze dazu die Angaben auf den Zetteln. Stelle Fragen, löse und antworte.

Schlauch und Mantel: 29,50 €

Allgemeiner Kundendienst: 14,80 €

Fahrradcomputer: 18,75 €

Lichtanlage: 24,50 €

Arbeitslohn: 34 €

Lösungshilfen nutzen

1 Die 4. Klasse macht eine Radtour. Die Kinder starten um 8.30 Uhr in Kirchheim. Nach einer Stunde erreichen sie den 10 km entfernten Ort Waldberg. Von dort radeln sie 15 km weiter nach Seehausen, wo sie um 11 Uhr ankommen. Nach einer halbstündigen Rast fahren sie auf direktem Weg nach Kirchheim zurück. Für die Rückfahrt brauchen sie 1 Stunde 45 Minuten. Insgesamt legen sie bei der Tour 43 km zurück.

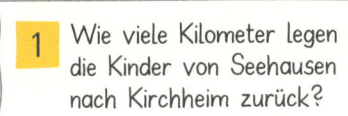 **1** Wie viele Kilometer legen die Kinder von Seehausen nach Kirchheim zurück?

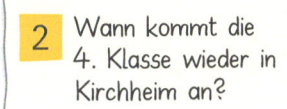 **2** Wann kommt die 4. Klasse wieder in Kirchheim an?

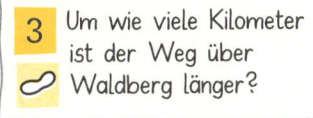 **3** Um wie viele Kilometer ist der Weg über Waldberg länger?

a) 4 Kinder haben Lösungshilfen zu den Fragen entworfen. Betrachte und vergleiche sie.

b) Beantworte die Fragen. Die Lösungshilfen können dir helfen.

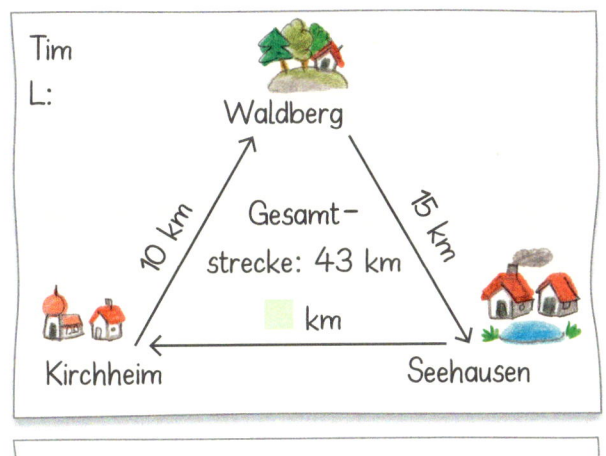

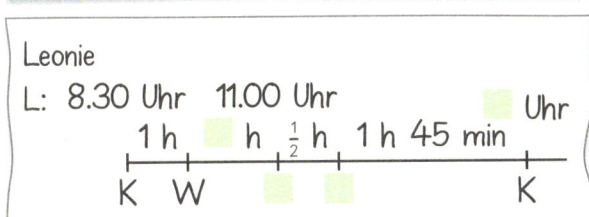

2 Max aus Kirchheim und Igor aus Waldberg wollen sich auf halbem Weg treffen. Sie gehen gleichzeitig los. Max legt in einer Minute 90 m zurück, Igor schafft in der gleichen Zeit 110 m.

a) Wie viele Minuten nach dem Start treffen sich die beiden?

b) Welche Strecke hat jeder bis zum Treffpunkt zurückgelegt?

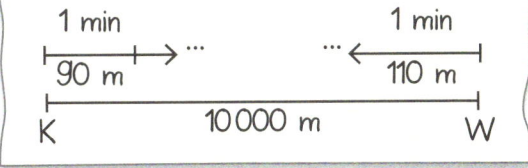

Wie viele Meter gehen beide in einer Minute?

	Max	Igor	zusammen
1 min	90 m	110 m	▢ m
10 min	900 m		

1, 2 Die Lösungshilfen (Skizze, Tabelle, Pfeilbild) besprechen.

Textaufgaben hinterfragen — Um die Ecke denken

1

Überlege zuerst, ob du diese Aufgaben sinnvoll lösen kannst und antworte dann.

a) Auf dem 5-Liter-Farbeimer steht, dass die Farbe nach dem Streichen 10 Stunden trocknen muss. Simon hat aber nur 3 Liter Farbe zum Streichen gebraucht.

b) Im Kochbuch steht, dass $1\frac{1}{2}$ kg Kartoffeln 30 min kochen. Tante Karin braucht aber 2 kg. Jetzt überlegt sie, wie lange sie heute die Kartoffeln kochen muss.

c) Wenn Jule sich richtig anstrengt, rennt sie in einer Minute 300 m. Wie weit kommt Jule in einer Stunde?

d) Von der Klasse 4b spülen im Schullandheim immer 4 Kinder das Geschirr. Dafür brauchen sie etwa 20 Minuten. Wie lange brauchen sie, wenn noch 4 Kinder helfen?

e) Jan und Flo räumen nach dem Unterricht das Klassenzimmer auf. Dafür brauchen sie 10 Minuten. Wie lang brauchen sie, wenn Luisa, Jana und Timo helfen?

2

Schüler der 4. Klassen diskutieren über die Taschengeldempfehlung 2013 der Jugendämter und berichten.

a) Welche Aussagen können stimmen? Begründet.

b) Berichtigt die falschen Aussagen.

Alter des Kindes	Taschengeld
6 bis 7 Jahre	1,50 bis 2 €/Woche
8 bis 9 Jahre	2 bis 2,50 €/Woche
10 bis 11 Jahre	13 bis 16 €/Monat
12 bis 13 Jahre	18 bis 22 €/Monat

Igor (9 Jahre)
Dann erhalte ich in einem Jahr soviel, dass ich mir davon ein Mountainbike für etwa 300 € kaufen kann.

Franzi (10 Jahre)
Ich schlage meinen Eltern 14 € pro Monat vor und spare 8 Monate lang das Geld für einen neuen Tennisschläger für 110 €.

Elvira (11 Jahre)
Gut, dass ich schon älter bin und pro Monat 16 € Taschengeld erhalte. Das sind immerhin etwa 300 € im Jahr.

Irina (9 Jahre)
Nach einem halben Jahr kann ich von meinem Taschengeld Inlineskates für 40 € und einen Helm für 15 € kaufen.

Jakob (10 Jahre)
In unseren 4. Klassen sind 70 Schüler. Wenn jeder ein Monatstaschengeld spendet, wären das etwa 1 000 € für einen guten Zweck.

Yunus (10 Jahre)
Ich spare 5 Monate lang mein Taschengeld für eine Familienkarte für bis zu 5 Personen im Legoland. Diese kostet etwa 90 €.

Wiederholung – Über Lernen sprechen

560 → :80 → ☐ → ·7 → ☐ → −9 → ☐ → ·8 → 320

1 Runde auf …
a) … Zehner.
39 761
43 825
76 493
89 498

b) … Hunderter.
47 653
98 796
54 032
87 184

c) … Tausender.
43 275
76 742
84 320
99 845

2 Rechne schriftlich. Überschlage zuerst.
a) 9 213 + 6 988
6 489 + 7 865
9 473 − 8 984
5 731 − 3 255

b) 14 321 + 39 886
22 567 + 48 773
49 422 − 22 788
88 342 − 79 556

c) 2 431 + 49 203
66 432 + 8 929
44 390 − 7 486
50 420 − 8 937

3 Rechne und nutze Rechenvorteile.
a) 905 + 17 433
16 433 + 999
88 434 − 88 234
65 948 − 2 998

b) 5 620 + 81 412
89 312 + 3 998
21 566 − 21 066
97 399 − 6 999

c) 4 021 + 14 399
5 807 + 92 303
49 784 − 7 499
88 653 − 85 253

4 In jedem Päckchen haben die Ergebnisse die gleiche Quersumme.
3 400 + 6 600 + 776
73 050 + 20 404 + 950
24 072 + 59 300 + 700
10 203 + 23 010 + 72
56 316 + 7 045 + 902

66 424 + 7 509
83 186 + 9 998
56 077 − 9 999
67 689 − 3 044
44 032 − 6 279

38 448 + 746 − 5 745
5 474 − 899 + 23 789
51 534 + 787 − 31 535
47 777 − 888 + 21 453
62 006 − 413 − 17 065

5
| 2 274 | 1 010 | 7 221 | 5 436 | 1 875 | 3 318 |
| 1 251 | 5 922 | 4 375 | 9 999 | 7 490 | 3 615 |

a) Welche Zahlen sind durch 2 teilbar?
b) Welche Zahlen sind durch 5 teilbar?
c) Welche Zahlen sind durch 3 teilbar?
d) Finde 5 weitere Zahlen, die durch 2, 3 und 5 teilbar sind.

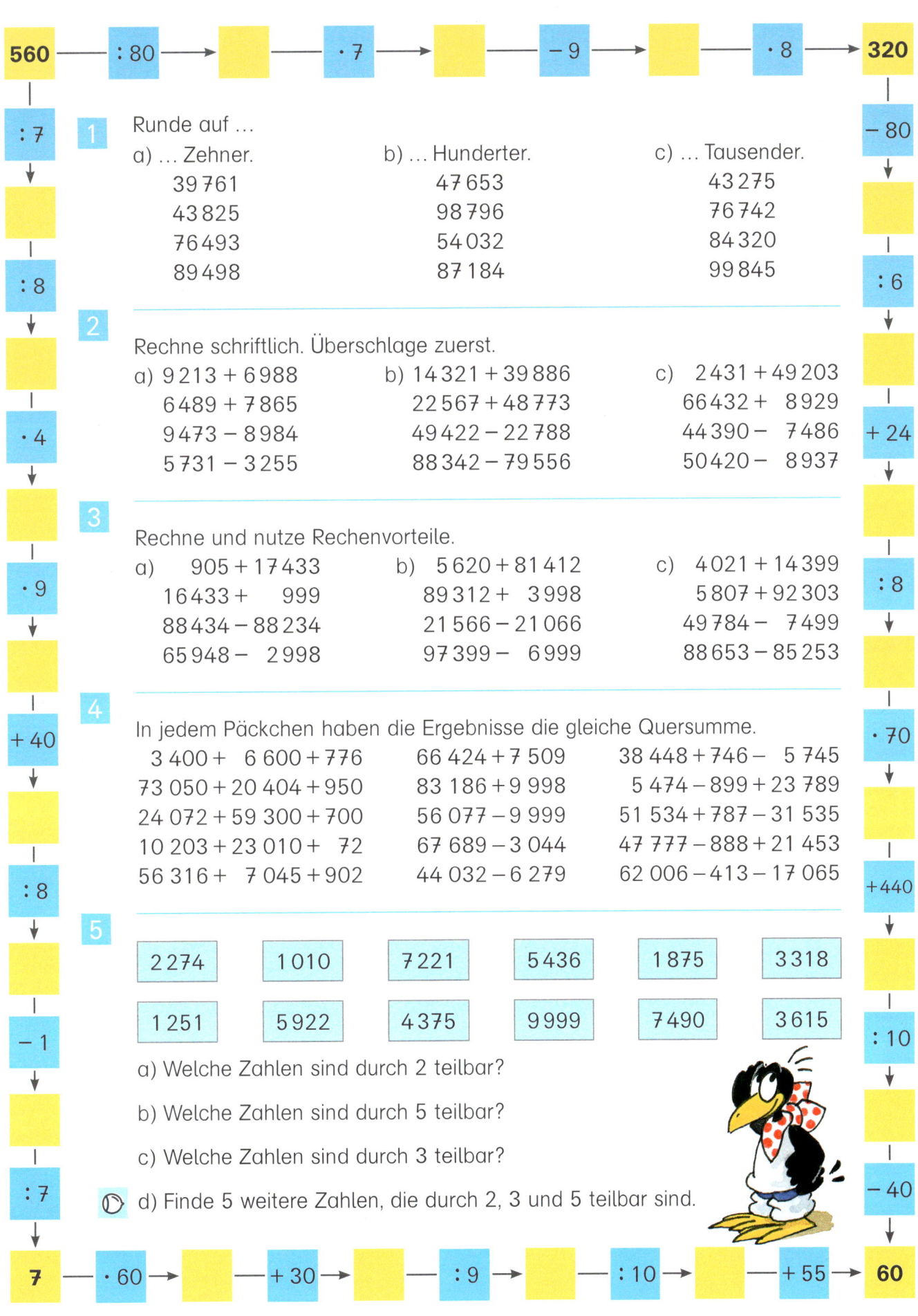

Reflexion: Kinder sollen über ihren Lernstand sprechen.

Entfernungen auf der Autobahn

1 a) Welche Städte liegen in Bayern? Kannst du auf der Karte zeigen, wo dein Wohnort liegt?

b) Wie weit ist es von München nach ...
- Garmisch-Partenkirchen
- Lindau
- Regensburg
- Nürnberg?

2 Suche jeweils verschiedene Fahrstrecken. Berechne die Entfernungen.
a) München–Würzburg
b) Hof–München
c) Nürnberg–Stuttgart
d) Regensburg–Ulm
 e) Nürnberg–Berlin
 f) Würzburg–Dortmund

3 Finde die fehlenden Städte auf der Karte.

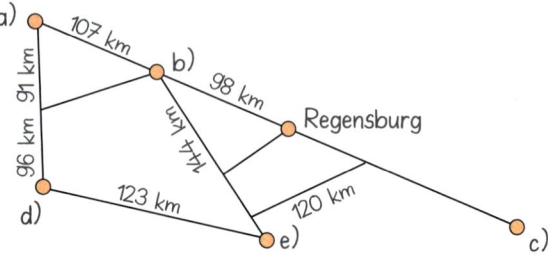

Kilometer und Meter

1 Der Rennsteigtunnel ist Deutschlands längster Straßentunnel. Er liegt bei Erfurt (Thüringen) und hat eine Gesamtlänge von 7 km 916 m.

> 1 Kilometer = 1000 Meter
> 1 km = 1000 m
> 7 km 916 m = 7916 m

	km		m			
	10 km	1 km	100 m	10 m	1 m	
Rennsteigtunnel		7	9	1	6	7916 m

2 Trage die Länge der Straßentunnel in eine Tabelle wie bei Aufgabe **1** ein.

- Montblanc (Frankreich/Italien) 11 600 m
- Farchant (Garmisch-Partenkirchen) 2 km 326 m
- Laerdalstunnel (Norwegen) 24 510 m
- Aubinger Tunnel (München) 1 km 935 m
- Grenztunnel (Füssen) 1284 m
- St. Gotthard (Schweiz) 16 km 918 m
- Pfaffensteiner T. (Regensburg) 880 m
- Elbtunnel (Hamburg) 3325 m

3 Ordne nach der Länge.

a) 2 300 m; 4 km; 18 000 m; 1 km 900 m; 950 m; 21 km 90 m; 8 km; 5 249 m

b) 32 km 850 m; 17 km; 2 500 m; 10 km 2 m; 20 m; 38 km; 2 km 400 m; 25 030 m

c) 4 km 200 m; 24 km; 4 020 m; 2 km 4 m; 42 km; 2 400 m; 4 km 2 m; 2 040 m

4 Immer 2 Karten ergeben zusammen volle Kilometer.

8 k m 1 6 0 m + 8 4 0 m =   k m

a) 8 km 160 m | 7 km 5 m | 40 km 10 m
990 m | 450 m | 550 m | 840 m
995 m | 160 km 550 m | 2 km 450 m

b) 2 km 250 m | 5 km 520 m | 975 m
980 m | 800 m | 750 m | 25 km 20 m
480 m | 52 km 200 m | 2 km 25 m

5 Q

a) 2 km + 4 km 500 m + 250 m   18
3 km 400 m + 1 km 200 m + 170 m   18
5 km 220 m + 1600 m + 80 m   15
4 km 175 m + 2 km 32 m + 3 m   9
6 km 20 m + 1 km 300 m + 2 331 m   21

b) 4 km 500 m + 2 km 20 m + 300 m   16
420 m + 8 km 70 m + 300 m   24
2 500 m + 3 km 8 m + 10 km 250 m   26
5 m + 3 km 40 m + 2 478 m   15
1 325 m + 8 km 120 m + 645 m   10

41

Längen und Bruchzahlen

1

$\frac{1}{4}$ m = 25 cm
$\frac{1}{2}$ m = 50 cm
$\frac{3}{4}$ m = 75 cm

$\frac{1}{4}$ km = 250 m
$\frac{1}{2}$ km = 500 m
$\frac{3}{4}$ km = 750 m

2
a) Tina legt 3 (5, 7, 9, 12) Schnurstücke aneinander.
Wie viele Zentimeter sind das?

b) Wie viele Schnurstücke müsste man aneinander legen, um 150 cm (2 m; 3,50 m; 10 m) zu erhalten?

3
a) Schreibe in Zentimetern.
0,75 m; 1,45 m; 0,08 m; 7,50 m; 8 m; $1\frac{1}{2}$ m; $\frac{1}{4}$ m; $\frac{3}{4}$ m; 0,80 m; 14,50 m

b) Schreibe in Metern.
1 km 600 m; 3 km 40 m; $\frac{1}{2}$ km; $3\frac{1}{4}$ km; 16 km; 10 km 6 m

4 Ordne nach der Länge.

a) Beginne mit der kürzesten Strecke.

H	100 cm
O	$\frac{1}{2}$ m
B	0,6 m
N	250 cm
A	5 cm
A	0,75 m
T	$\frac{1}{4}$ m
U	7,5 cm

b) Beginne mit der längsten Strecke.

A	$\frac{3}{4}$ km
L	$1\frac{1}{4}$ km
A	50 m
F	1000 cm
N	$\frac{1}{2}$ km
U	25 m
L	200 m
G	$\frac{1}{4}$ km

5

a) Liridon geht jeden Tag zu Fuß zur Schule, die $1\frac{1}{2}$ km von seinem Wohnhaus entfernt liegt. Wie viele km legt er in einer Schulwoche zurück, wenn er am Mittwoch zusätzlich noch am Nachmittag Unterricht hat?

b) Ein Radweg von $6\frac{1}{2}$ km Länge wird erneuert. Täglich schaffen die Arbeiter ungefähr $\frac{1}{2}$ km. Mittlerweile sind schon 1500 m fertig. Wie viele Tage wird noch an dem Radweg gearbeitet?

c) Paul und seine kleine Schwester Linda machen ein Fahrradrennen. Während Paul 100 m zurücklegt, schafft Linda nur $\frac{1}{4}$ der Strecke. Deshalb gibt er ihr einen Vorsprung von 300 m. Wie weit ist Paul gefahren, wenn er Linda einholt?

Projekt: Freundschaftsbänder basteln

1

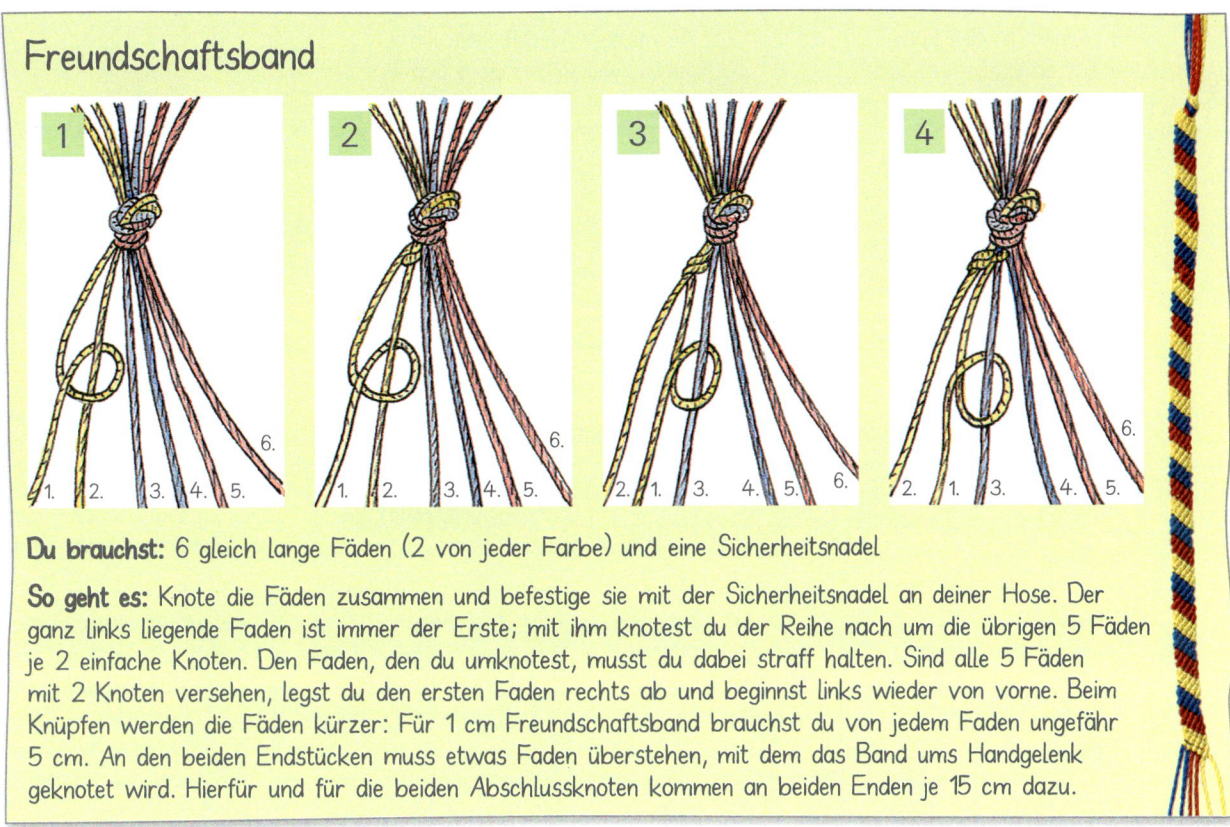

Freundschaftsband

Du brauchst: 6 gleich lange Fäden (2 von jeder Farbe) und eine Sicherheitsnadel

So geht es: Knote die Fäden zusammen und befestige sie mit der Sicherheitsnadel an deiner Hose. Der ganz links liegende Faden ist immer der Erste; mit ihm knotest du der Reihe nach um die übrigen 5 Fäden je 2 einfache Knoten. Den Faden, den du umknotest, musst du dabei straff halten. Sind alle 5 Fäden mit 2 Knoten versehen, legst du den ersten Faden rechts ab und beginnst links wieder von vorne. Beim Knüpfen werden die Fäden kürzer: Für 1 cm Freundschaftsband brauchst du von jedem Faden ungefähr 5 cm. An den beiden Endstücken muss etwas Faden überstehen, mit dem das Band ums Handgelenk geknotet wird. Hierfür und für die beiden Abschlussknoten kommen an beiden Enden je 15 cm dazu.

Larissa knüpft mit 6 Fäden, immer 2 Fäden von jeder Farbe.
a) Larissa will ein 14 cm langes Armband knüpfen. Wie lang müssen die Fäden sein?
b) Wie viele Zentimeter Faden von jeder Farbe benötigt sie für ein 19 cm langes Fußband?

2

Garn Sorte „Extra-Fein"
in 80 verschiedenen Farben:

8 m	1,30 €
15 m	2,40 €
25 m	4,- €
50 m	7,- €

a) Philip hat 11 €. Er will mit 3 Farben knüpfen. Welche Garnlänge kann er kaufen?
b) Tine kauft das Garn für 4 €. Wie viele einfarbige Armbänder (14 cm lang) mit 6 Fäden kann sie knüpfen?
c) Jonas hat für 7,20 € Garn in 3 Farben gekauft. Wie viele Fußbänder (je 19 cm lang) kann er knüpfen?
d) Paula will 10 Armbänder (14 cm lang) knüpfen. Wie kann sie günstig einkaufen?

3

a) Von 20 m Garn werden nacheinander verschiedene Stücke abgeschnitten: 90 cm, 4 m, 60 cm, 85 cm, 190 cm, 5 m, 55 cm, $\frac{1}{2}$ m und 1,60 m. Reicht der Rest, um ein 14 cm (15 cm) langes Armband mit 4 Fäden zu knüpfen?

Ich schaffe 10 m Faden in der Stunde.

b) Auf einer modernen Maschine werden pro Stunde 3 km Perlgarn gesponnen. Die Maschine läuft 14 Stunden am Tag, 5 Tage in der Woche. Wie lang ist das gesponnene Garn nach 7 Stunden (einem Tag, einer Woche)?

43

Quader untersuchen

1

a) Welche Seitenflächen eines Quaders sind gleich groß? Welche Kanten sind gleich lang?

b) Warum sagt man, dass der Würfel ein besonderer Quader ist?

c) Wie viele verschiedene Quader kannst du aus 12 Steckwürfeln bauen?

d) Wie viele Steckwürfel brauchst du, um einen Quader mit 3 verschieden langen Kanten zu bauen?

2 Emma will ihr Modell zerschneiden. Welche Form wird die Schnittfläche haben?

a)    b) 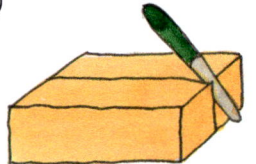   c) 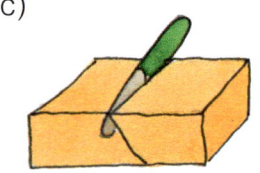   d)

e)    f)    g)    h)

3 Welche 2 Teile ergeben einen Quader? Begründet.

a) 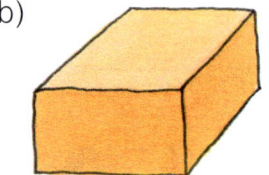   b)    c)    d)

e)    f) 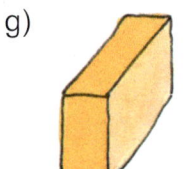   g) 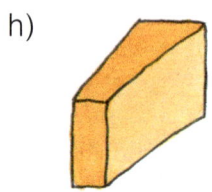   h)

Quader kippen

1

2 Kippe und beschreibe den Weg. Starte beim Raben. Welche Fläche liegt am Ende oben?

a) 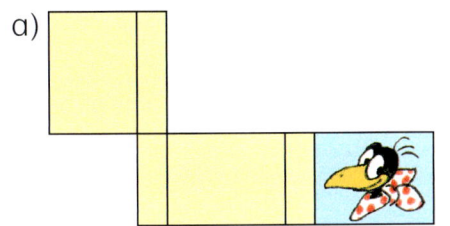   b)    c)

d) Kippe eine Schachtel 5-mal. Zeichne ihre Spur und schreibe den Weg auf.
Zeige deinem Partner den Weg. Kann er damit die Spur zeichnen? Vergleiche.

3 Möglich oder unmöglich? Begründe.

a)    b)    c)

4 Wie musst du kippen, um vom Raben zu den verschiedenen Zielfeldern zu gelangen? Schreibe auf.

45

Quadernetze

1 So erhältst du ein Quadernetz:

A   B   C

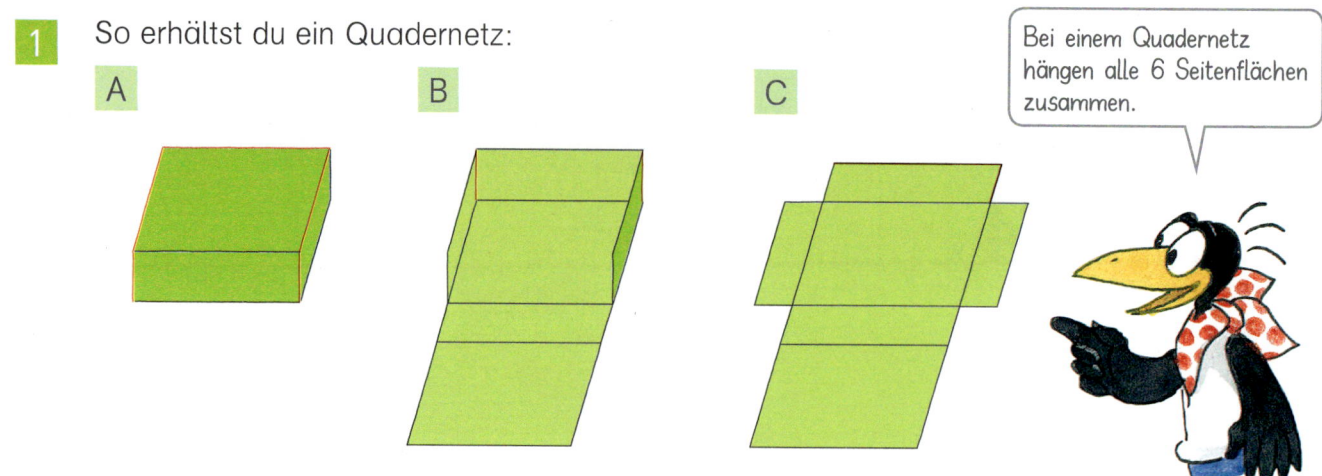

Bei einem Quadernetz hängen alle 6 Seitenflächen zusammen.

2 Je nachdem, wie ein Quader aufgeschnitten wird, entstehen unterschiedliche Netze. Welche Netze sind deckungsgleich?

A   B 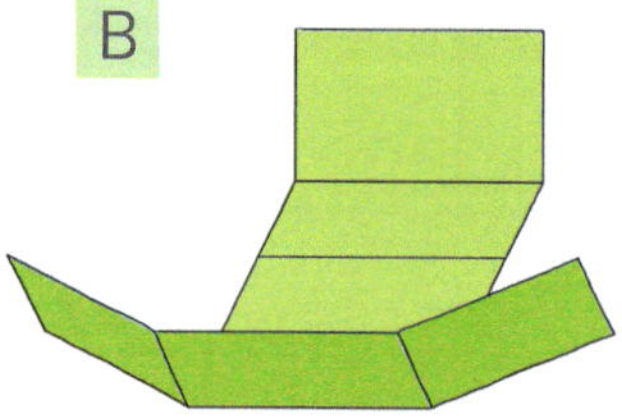   C 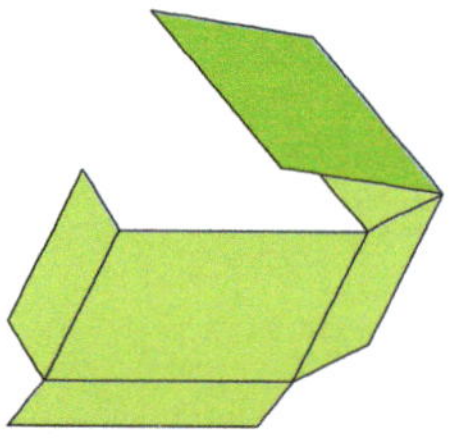   D

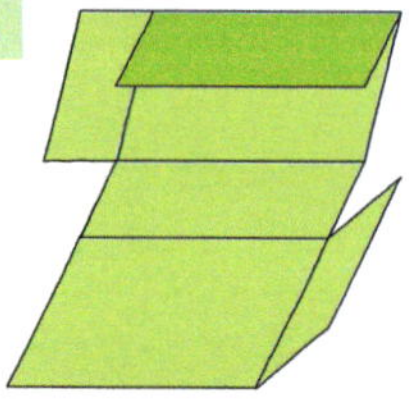

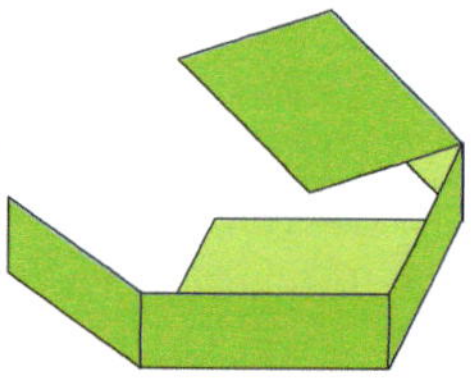

1 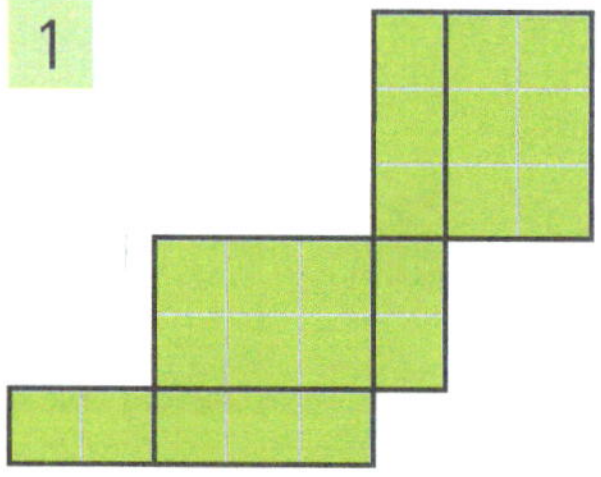   2 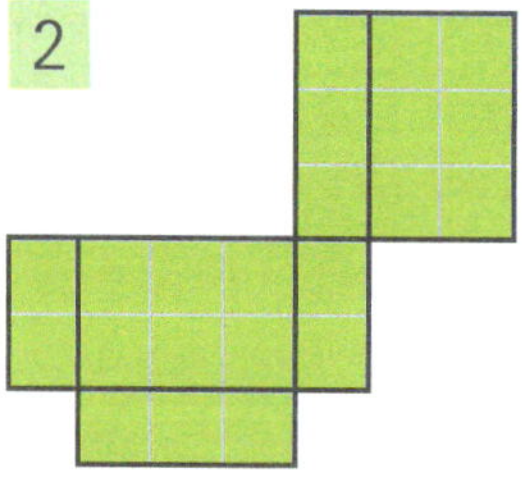   3 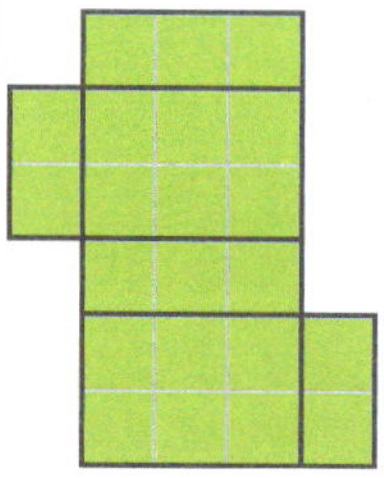   4

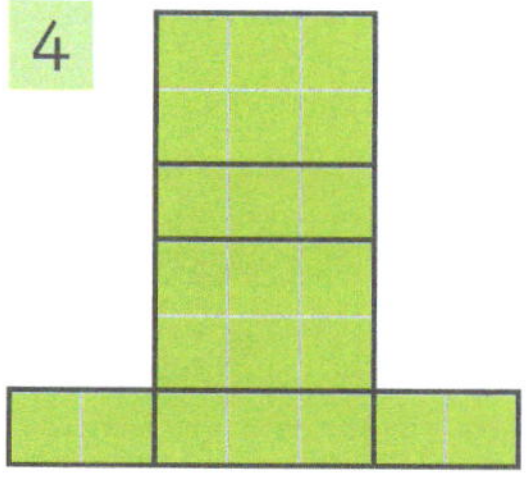

3 Welche Quader können aus den Netzen gebaut werden?

a)   1 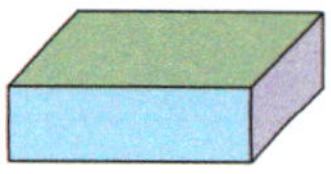   2 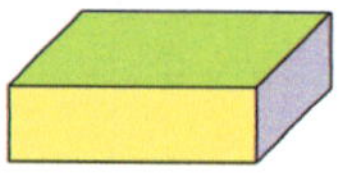   3 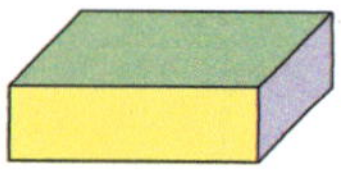   4

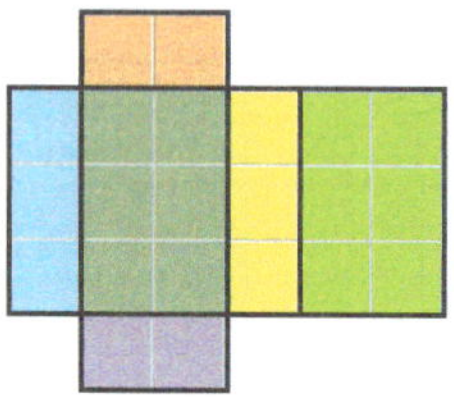

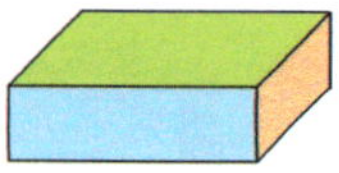

b) 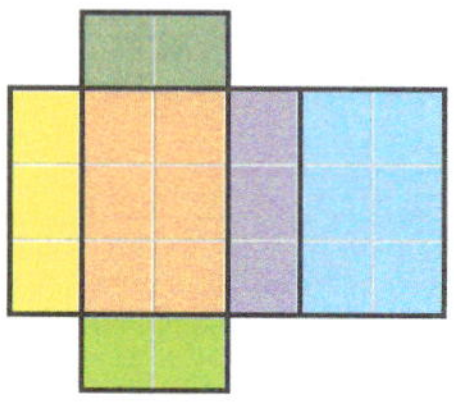   1 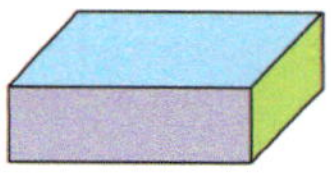   2 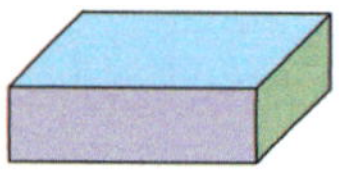   3 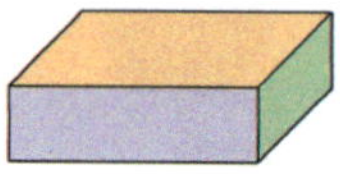   4

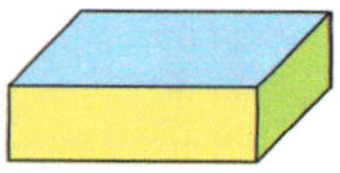

3 Die farbigen Seitenflächen sind Außenflächen. Die Netze müssen nach hinten zusammengeklappt werden.

Quadernetze

1

a) Zeichne die Figuren auf Karopapier. Sind es Quadernetze? Falte zuerst im Kopf. Trage dann die Buchstaben ein.

Kennzeichne Seiten, die beim Falten zusammenstoßen, mit der gleichen Farbe.

b) Schneide die Netze aus und überprüfe.

2 a) Ergänze die Figuren zu Quadernetzen. Zeichne sie doppelt so groß auf Karopapier und überprüfe durch Ausschneiden und Falten.

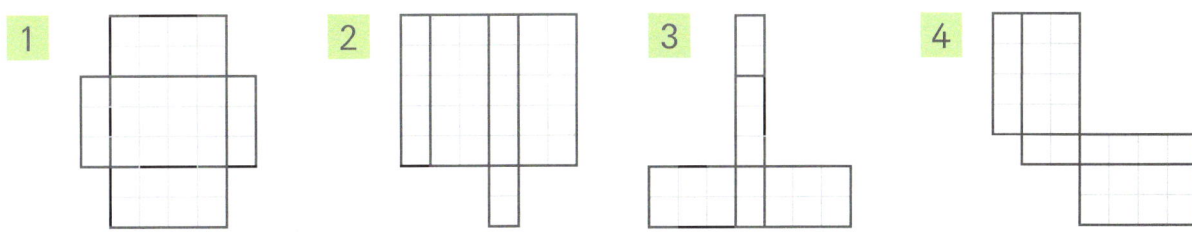

b) Denke dir 3 weitere Quadernetze aus und zeichne sie auf kariertes Papier. Schneide die Netze aus und klebe sie mit Klebestreifen zu Quadern zusammen.

Quadercity

1 Aus wie vielen Quadern bestehen die Gebäude?

Gebäude	Anzahl der Quader
1	9
2	
3	

2
Jan: „Ich habe von Gebäude 3 einen Bauplan gezeichnet."
Paula: „Klar, hier liegen 2 Quader aufeinander."

Bauplan:
1	1
2	1

Gebäude Nr. 3

3 Welche Gebäude gehören zu diesen Bauplänen? Notiere die Lösungen im Heft.

Pia: Gebäude Nr. ____

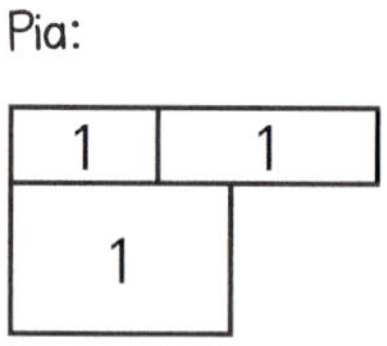

Pia:
1	1
1	

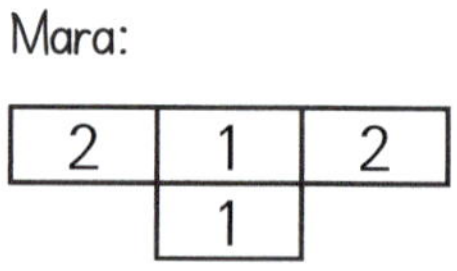

Mara:
2	1	2
	1	

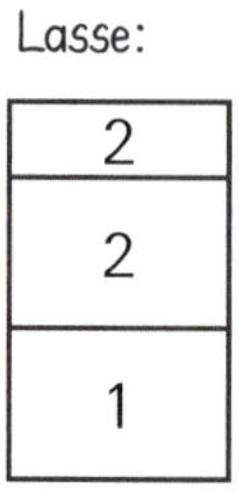

Lasse:
2
2
1

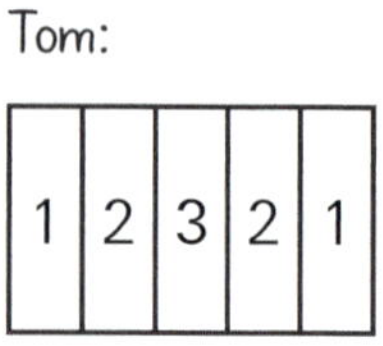

Tom:
1	2	3	2	1

Hinweis: Alle für die Quadercity verwendeten Bausteine sind gleich groß.

6
7
8
9
10

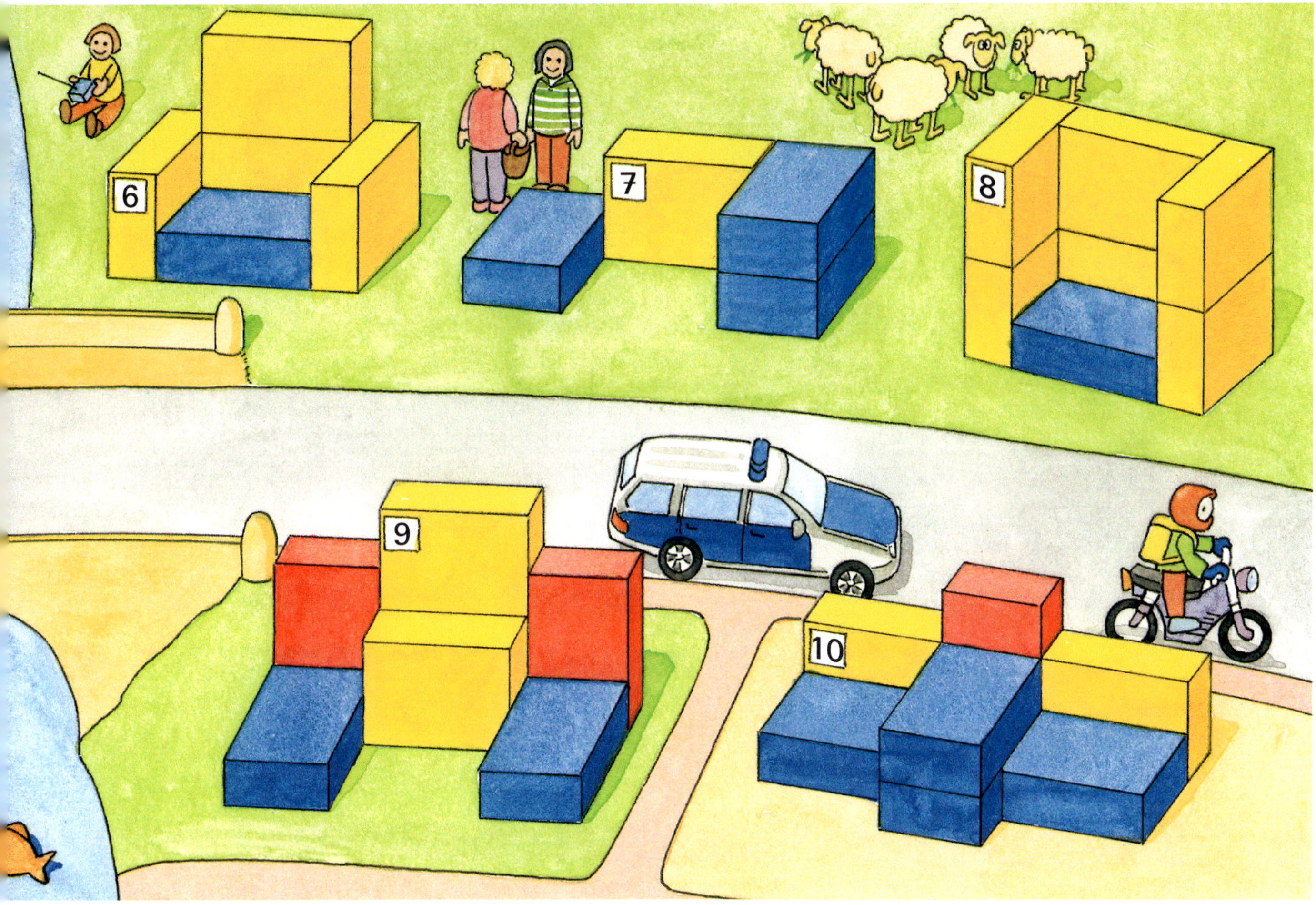

4 Zeichne die fehlenden Baupläne.

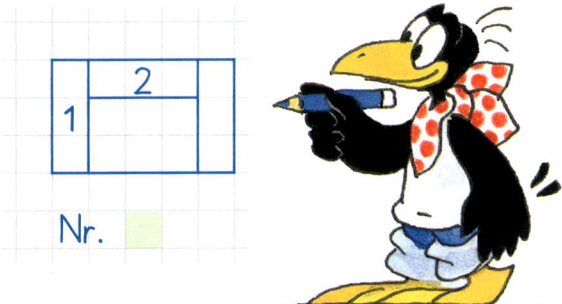

2
1
Nr.

5 Zeichne einige Gebäude auch von
a) vorn, b) rechts,
c) hinten, d) links.

Nr. 7
a)
b)
c)
d)

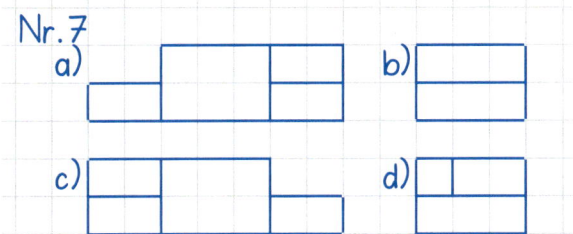

6 Baut selbst neue Gebäude nach Plan.

Ich habe ein neues Gebäude gebaut und davon diesen Bauplan gezeichnet.
Ich kann dein Gebäude nachbauen.
Tim
Pia

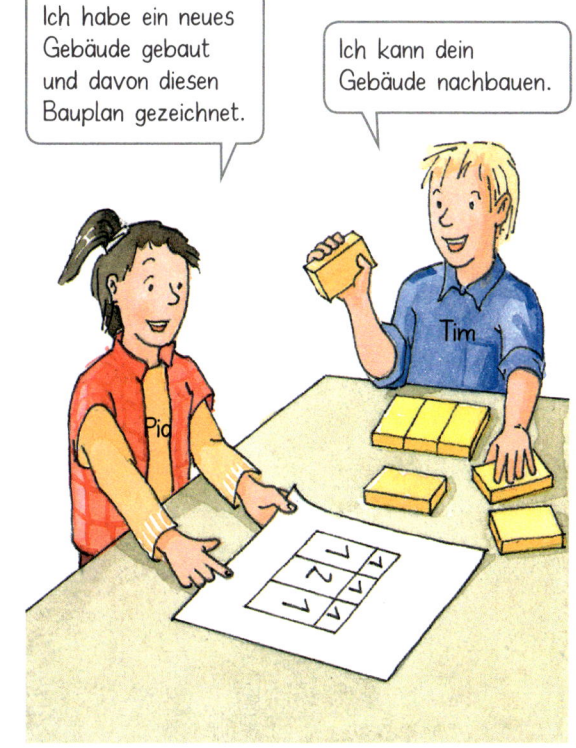

Zersägte Würfel — Kopftraining

1

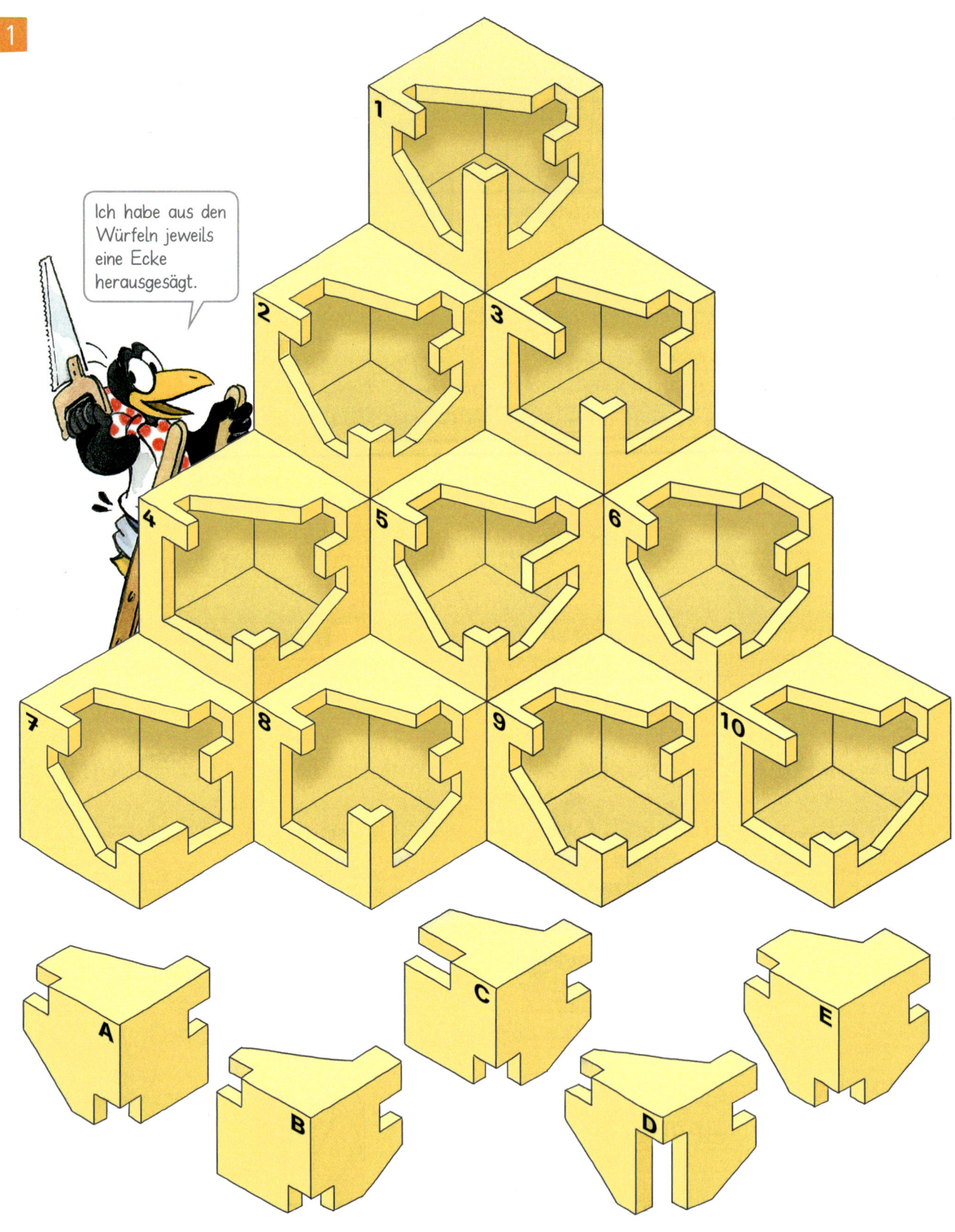

Ich habe aus den Würfeln jeweils eine Ecke herausgesägt.

a) Finde heraus, in welchen Würfel die Ecke A passt. Begründe.
Warum passt Ecke A nicht auch in die anderen Würfel? Begründe ebenfalls.
b) In welche Würfel passen die Ecken B bis E?
c) Wie müsstest du Ecke E abändern, damit sie in Würfel 5 passt? Beschreibe.

1c Schüler verbalisieren Vorgangsweisen wie z.B. das Vergrößern, Verkleinern, Abschrägen von Flächen, Aussparungen usw.

Kopftraining — An der See

1 Alissa war mit ihren Eltern an der Nordsee. Mit dem Segelboot fuhren sie die Küste von Westen kommend entlang. Dabei machte Alissa 6 Fotografien. Zu Hause gerieten die Bilder durcheinander. Bringe sie für Alissa in die richtige Reihenfolge.

a)
b)
c)
d)
e)
f)

2 Alissas Papa war im Urlaub beim Angeln. Als er losfuhr und zur Küste blickte, lag Kleinhafen hinter der Kirche. Später verdeckte der Leuchtturm die Windmühle. Dann lag der Kirchturm zwischen dem Leuchtturm und der Windmühle. Als er an Land ging, sah er die Windmühle direkt zwischen den beiden Türmen. Wie ist Alissas Papa gefahren und wo ist er angekommen?

3 Alissa spazierte im Urlaub mit ihrem Hund Bello in den Dünen. Dabei zeichnete sie die Kirche, den Leuchtturm und die Windmühle von 5 verschiedenen Plätzen aus (siehe Karte 1–5).

a) Ein Bild siehst du hier. Wo wurde es gezeichnet?
b) Wie sehen die restlichen Bilder aus? Skizziere sie.

51

Sehr große Zahlen

1 Deutschland hat 16 Bundesländer. Hier sind einige Zahlen:

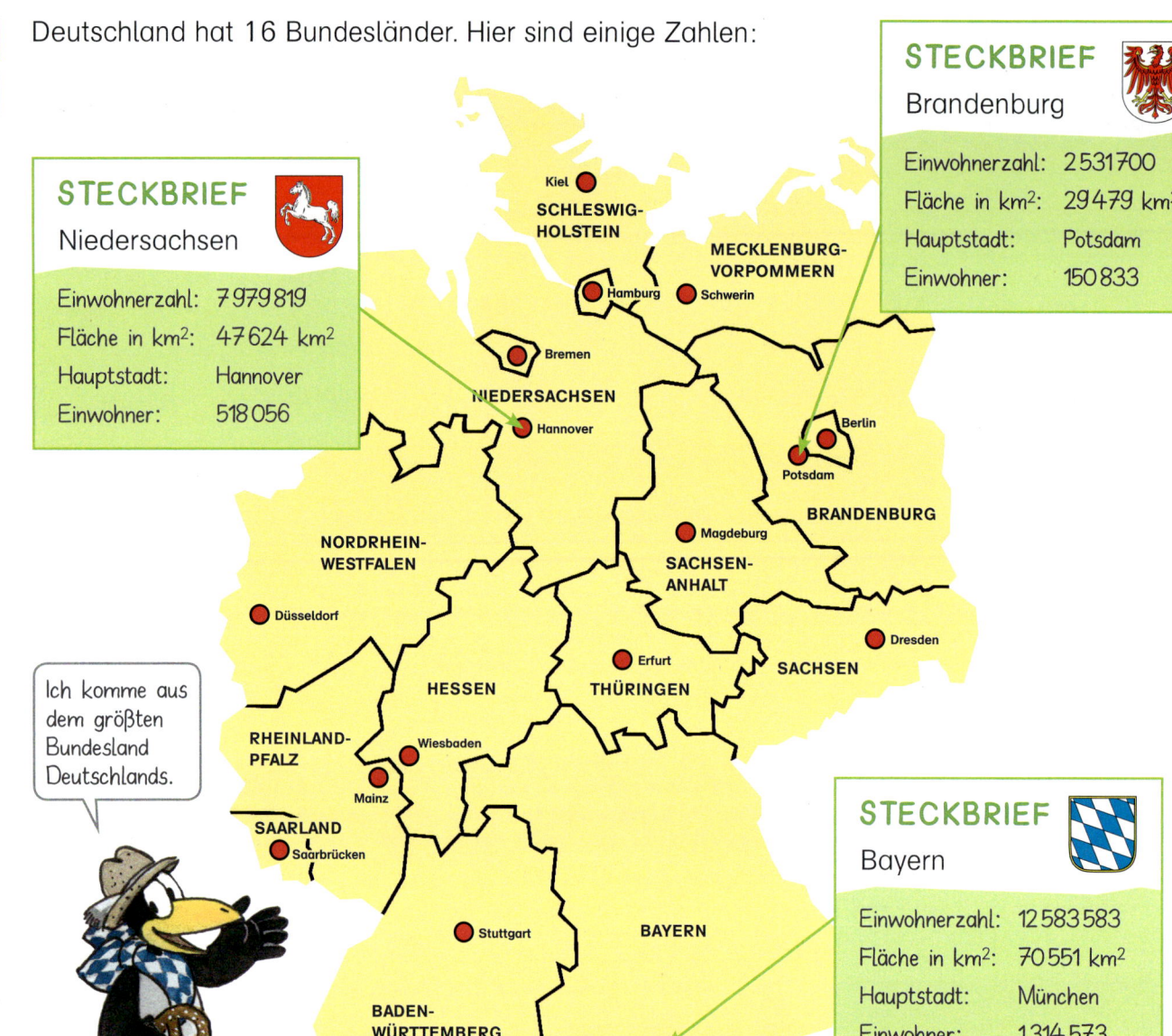

STECKBRIEF Niedersachsen
- Einwohnerzahl: 7 979 819
- Fläche in km²: 47 624 km²
- Hauptstadt: Hannover
- Einwohner: 518 056

STECKBRIEF Brandenburg
- Einwohnerzahl: 2 531 700
- Fläche in km²: 29 479 km²
- Hauptstadt: Potsdam
- Einwohner: 150 833

STECKBRIEF Bayern
- Einwohnerzahl: 12 583 583
- Fläche in km²: 70 551 km²
- Hauptstadt: München
- Einwohner: 1 314 573

Ich komme aus dem größten Bundesland Deutschlands.

a) Schreibt für die anderen Bundesländer auch solche Steckbriefe.
b) Findet noch andere große Zahlen von eurem Bundesland und gestaltet ein Plakat.

2 Trage die Zahlen der Steckbriefe in eine Stellenwerttafel ein und schreibe sie verschieden auf:

Einwohnerzahl Münchens:

M	HT	ZT	T	H	Z	E
1	3	1	4	5	7	3

eine Million | dreihundertvierzehntausend | fünfhundertdreiundsiebzig

1 000 000 + 300 000 + 10 000 + 4 000 + 500 + 70 + 3 = 1 314 573

Zahlen bis 1 000 000

1 Die Kinder der Klasse 4b wollen herausfinden, wie viel eine Million ist.

a)

b)

c)

Million	Hundert-tausender	Zehn-tausender	Tausender	Hunderter	Zehner	Einer
1 000 000	100 000	10 000	1000	100	10	1
1 M = ⬚ HT	1 HT = ⬚ ZT	1 ZT = ⬚ T	1 T = ⬚ H	1 H = ⬚ Z	1 Z = ⬚ E	1 E

53

Zahlenstrahl bis 1 000 000

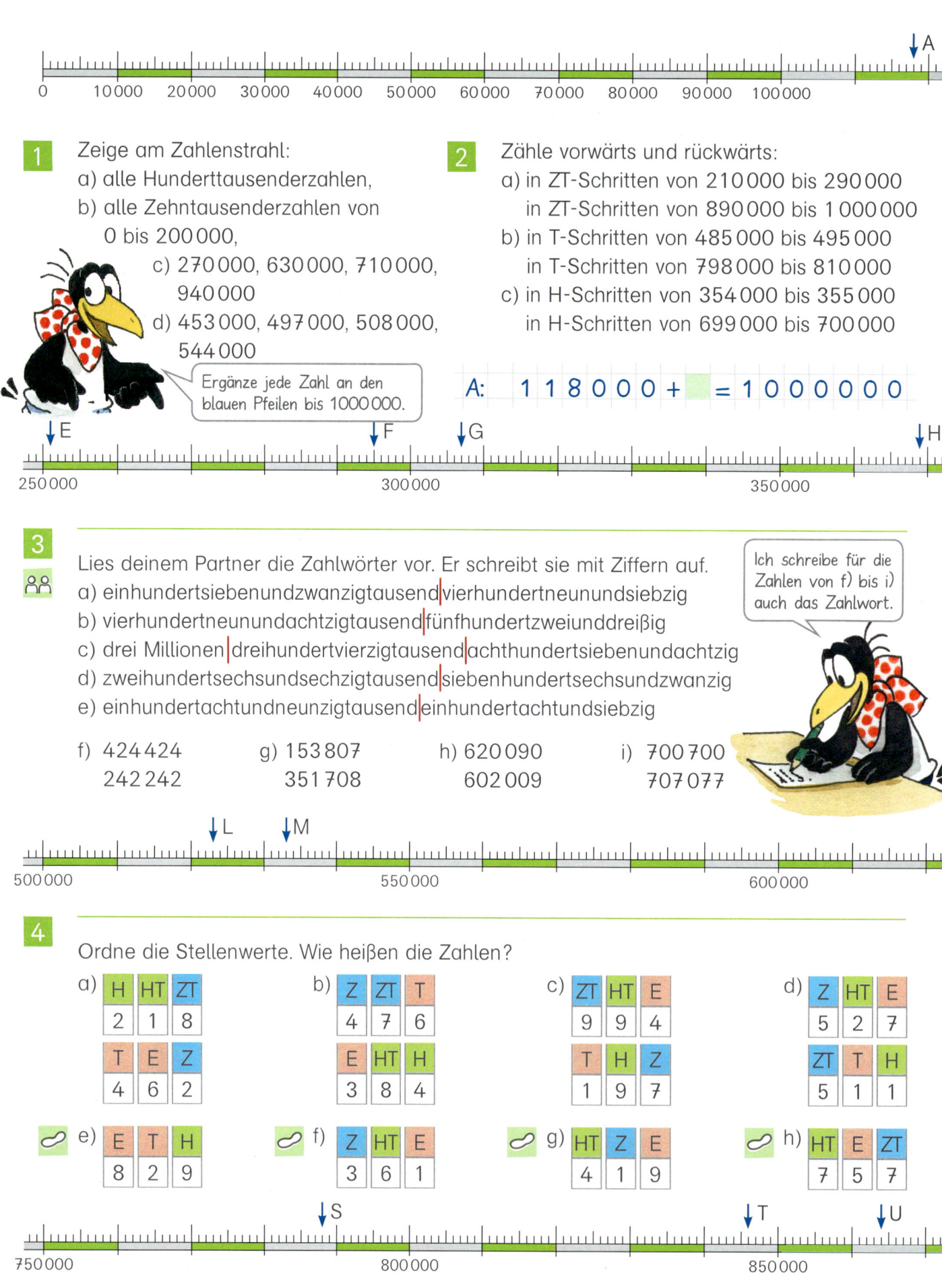

1 Zeige am Zahlenstrahl:
a) alle Hunderttausenderzahlen,
b) alle Zehntausenderzahlen von 0 bis 200 000,
c) 270 000, 630 000, 710 000, 940 000
d) 453 000, 497 000, 508 000, 544 000

Ergänze jede Zahl an den blauen Pfeilen bis 1 000 000.

2 Zähle vorwärts und rückwärts:
a) in ZT-Schritten von 210 000 bis 290 000
in ZT-Schritten von 890 000 bis 1 000 000
b) in T-Schritten von 485 000 bis 495 000
in T-Schritten von 798 000 bis 810 000
c) in H-Schritten von 354 000 bis 355 000
in H-Schritten von 699 000 bis 700 000

A: 1 1 8 0 0 0 + ☐ = 1 0 0 0 0 0 0

3 Lies deinem Partner die Zahlwörter vor. Er schreibt sie mit Ziffern auf.
a) einhundertsiebenundzwanzigtausend|vierhundertneunundsiebzig
b) vierhundertneunundachtzigtausend|fünfhundertzweiunddreißig
c) drei Millionen|dreihundertvierzigtausend|achthundertsiebenundachtzig
d) zweihundertsechsundsechzigtausend|siebenhundertsechsundzwanzig
e) einhundertachtundneunzigtausend|einhundertachtundsiebzig

f) 424 424   g) 153 807   h) 620 090   i) 700 700
   242 242   351 708   602 009   707 077

Ich schreibe für die Zahlen von f) bis i) auch das Zahlwort.

4 Ordne die Stellenwerte. Wie heißen die Zahlen?

a) H HT ZT / 2 1 8   T E Z / 4 6 2
b) Z ZT T / 4 7 6   E HT H / 3 8 4
c) ZT HT E / 9 9 4   T H Z / 1 9 7
d) Z HT E / 5 2 7   ZT T H / 5 1 1
e) E T H / 8 2 9
f) Z HT E / 3 6 1
g) HT Z E / 4 1 9
h) HT E ZT / 7 5 7

54

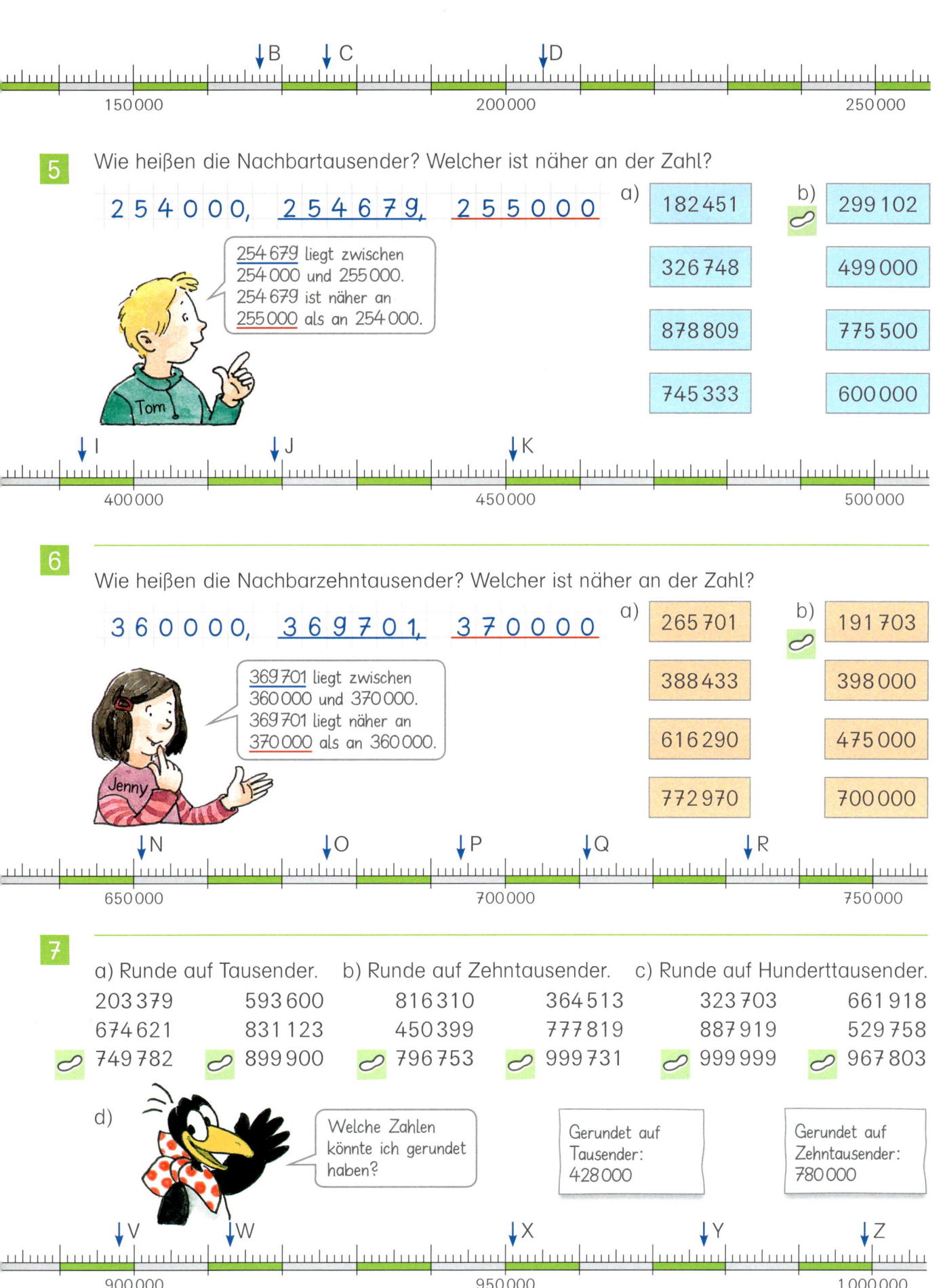

Zahlen bis 1 000 000

1

a) Schreibe auch einen Steckbrief für deine Lieblingszahl in dein Lerntagebuch.

b) Schreibe Steckbriefe für die Zahlen:

65 762	50 518
254 679	108 319
615 100	

c) Was könntest du noch in einen Zahlensteckbrief schreiben?

d) Hier sind Ausschnitte aus Zahlensteckbriefen. Finde heraus, für welche Zahlen die Steckbriefe geschrieben sein könnten.

| Vorgänger: 60 919 Nachfolger: 60 921 | Nachbarzehner: 707 460 707 470 | Nachbartausender: 535 000 536 000 |

2 a) Welche Zahlen fehlen?

$800\,000 + 50\,000 + 9\,000 + 400 + \square + 4 = 859\,464$
$400\,000 + 20\,000 + 4\,000 + \square + 50 + 1 = 424\,351$
$500\,000 + 20\,000 + \square + 100 + 80 + 2 = 526\,182$
$300\,000 + \square + 7\,000 + 800 + 80 + 3 = 317\,883$
$\square + 80\,000 + 9\,000 + 900 + 20 + 7 = 689\,927$

b) Zerlege ebenso.

876 543	347 691
921 568	235 715
162 476	335 764

3

Lisa: Meine Zahl ist halb so groß wie 910 000.

Daniel: Meine Zahl ist doppelt so groß wie 175 075.

Doreen: Meine Zahlen liegen zwischen 799 099 und 799 103.

Leonie: Meine Zahl liegt genau zwischen 440 000 und 840 000.

Maria: Meine Zahl ist halb so groß wie das Doppelte von 315 800.

Albert: Meine Zahlen liegen zwischen 500 000 und 900 000. Alle Ziffern sind gleich.

Carmen: Meine Zahlen sind sechsstellig. Der Zehntausender ist der 6. Teil des Zehners. Hunderter und Tausender sind jeweils 4mal so groß wie der Einer.

Und wie heißt dein Zahlenrätsel?

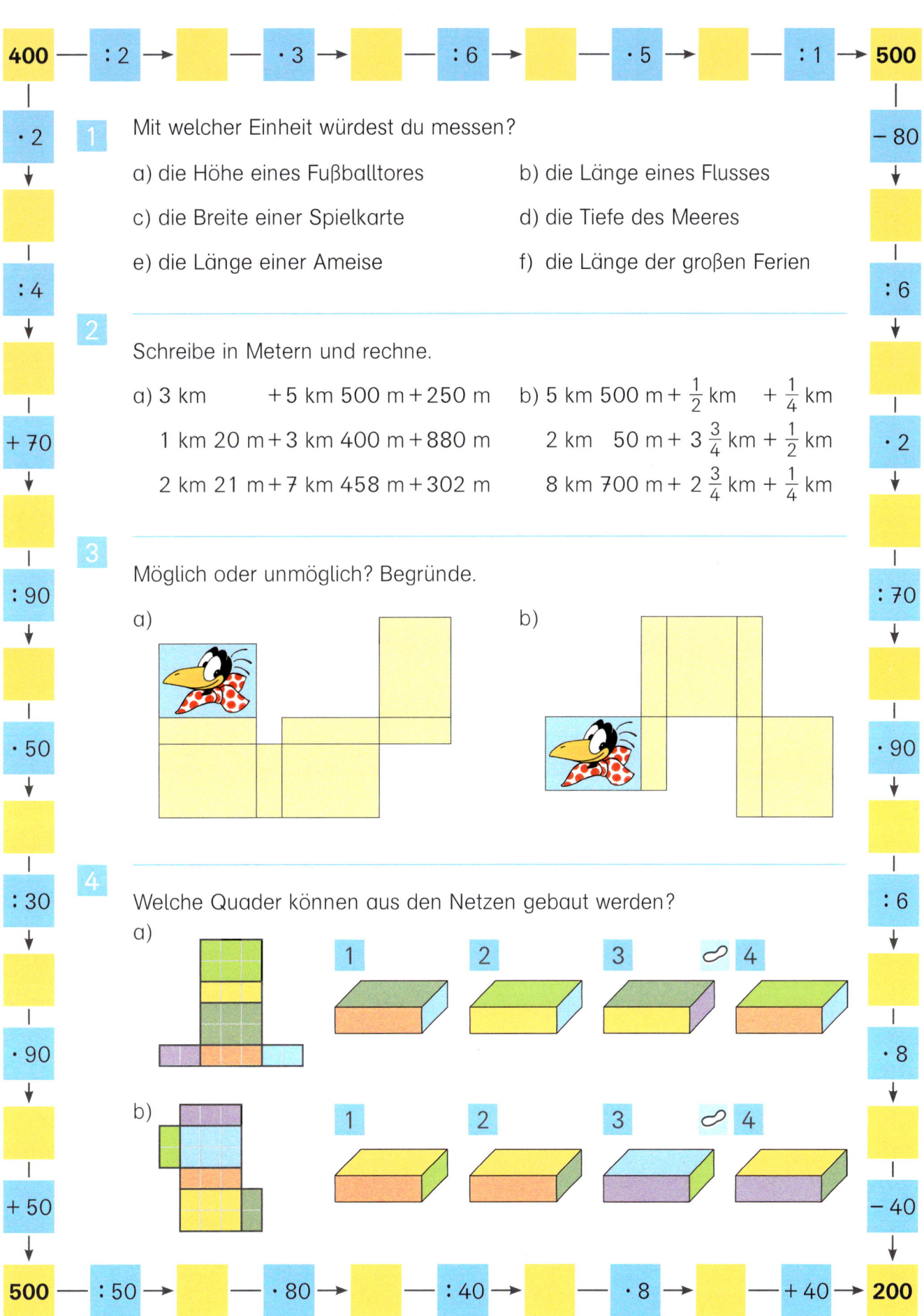

Addieren und subtrahieren bis 1 000 000

1

Tom: Meine Zahl ist um 67 000 größer als die Hälfte von 450 000.
Olga: Meine Zahl ist um 23 605 größer als 375 241.
Leo: Meine Zahl ist um 999 999 kleiner als 1 Million.
Paul: Meine Zahl ist das Doppelte vom Doppelten von 44 444.
Ina: Meine Zahl ist um 37 070 kleiner als das Doppelte von 280 080.

2

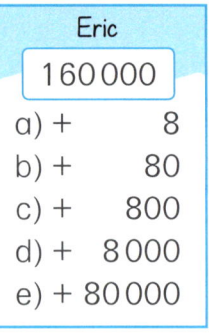
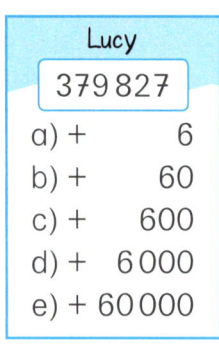
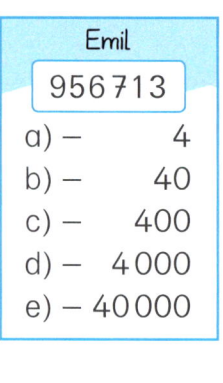

Eric 160 000
a) + 8
b) + 80
c) + 800
d) + 8 000
e) + 80 000

Lucy 379 827
a) + 6
b) + 60
c) + 600
d) + 6 000
e) + 60 000

Emil 956 713
a) – 4
b) – 40
c) – 400
d) – 4 000
e) – 40 000

Trax 845 000
a) – 5
b) – 50
c) – 500
d) – 5 000
e) – 50 000

Denke dir selbst noch weitere Aufgaben aus.

3

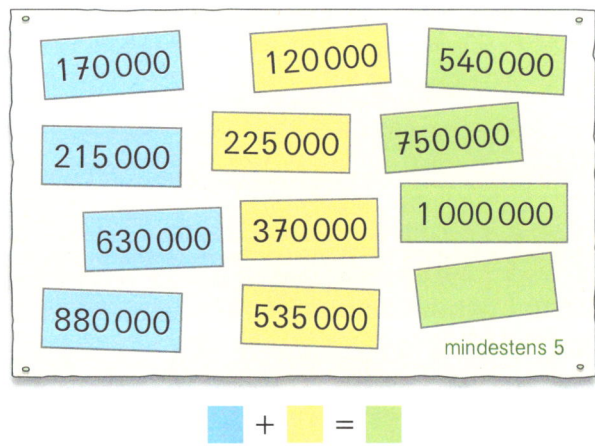

mindestens 5   mindestens 6

🟦 + 🟨 = 🟩   🟦 – 🟨 = 🟩

4 Hüpf im Päckchen.

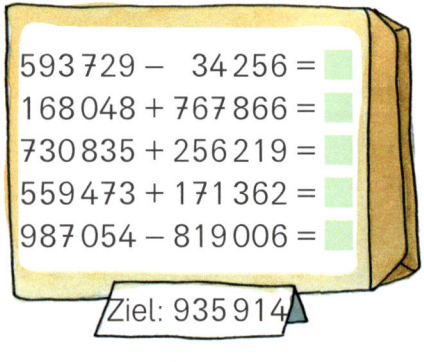

593 729 – 34 256 =
168 048 + 767 866 =
730 835 + 256 219 =
559 473 + 171 362 =
987 054 – 819 006 =

Ziel: 935 914

370 290 – 198 205 =
447 681 + 486 813 =
172 085 + 291 743 =
571 137 – 123 456 =
463 828 + 107 309 =

Ziel: 934 494

806 507 – 200 001 =
879 830 + 109 799 =
606 506 + 311 722 =
918 228 – 99 999 =
818 229 + 61 601 =

Ziel: 989 629

Multiplizieren und dividieren bis 1 000 000

1

Tom: Meine Zahl ist das Doppelte vom 4. Teil von 72 000.
Olga: Meine Zahl ist die Hälfte vom 3. Teil von 270 000.
Leo: Meine Zahl ist das 7-Fache von 140 000.
Paul: Meine Zahl ist der 8. Teil von 56 800.
Ina: Meine Zahl ist um das 3-Fache von 9 000 kleiner als das 5-Fache von 35 000.

2

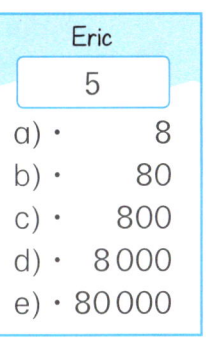
Eric: 5
a) · 8
b) · 80
c) · 800
d) · 8 000
e) · 80 000

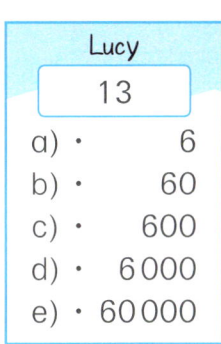
Lucy: 13
a) · 6
b) · 60
c) · 600
d) · 6 000
e) · 60 000

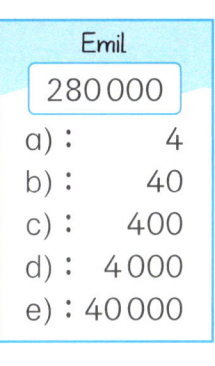
Emil: 280 000
a) : 4
b) : 40
c) : 400
d) : 4 000
e) : 40 000

Trax: 950 000
a) : 5
b) : 50
c) : 500
d) : 5 000
e) : 50 000

Denke an den Nullentrick.

Denke dir selbst noch weitere Aufgaben aus.

3

a) 5 · 80 000
50 · 8 000
500 · 800
5 000 · 80

7 000 · 6
700 · 600
70 · 60
7 · 60 000

b) 400 · 900
4 000 · 9
4 · 90 000
400 · 90

3 · 70 000
300 · 70
30 · 7 000
3 000 · 7

c) 560 : 80
5 600 : 800
56 000 : 8 000
560 000 : 80 000

540 000 : 6 000
540 000 : 600
540 000 : 60 000
540 000 : 60

d) 42 000 : 7
420 000 : 70 000
4 200 : 700
420 000 : 7 000

630 000 : 9 000
630 000 : 90
630 000 : 900
630 000 : 90 000

4 Wie viele Aufgabenfamilien findest du?

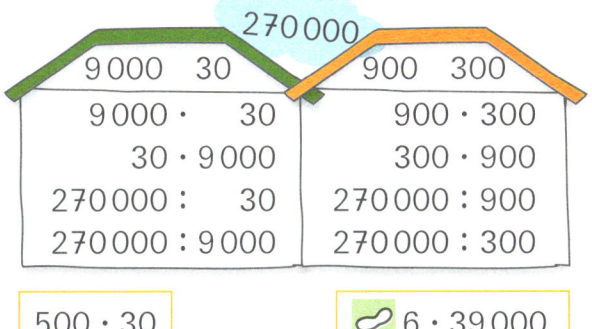

270 000
9 000   30   900   300
9 000 · 30   900 · 300
30 · 9 000   300 · 900
270 000 : 30   270 000 : 900
270 000 : 9 000   270 000 : 300

500 · 30   🥾 6 · 39 000
80 000 · 20   🥾 40 · 7 300

5 Vergleiche die Rollen.

a)
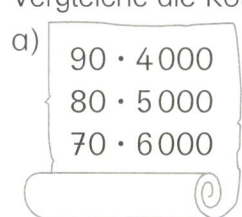
90 · 4 000
80 · 5 000
70 · 6 000

45 · 4 000
40 · 5 000
35 · 6 000

b)
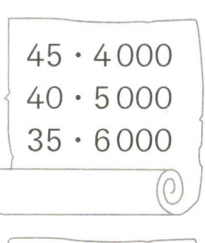
126 000 : 3
156 000 : 6
186 000 : 3
216 000 : 6

252 000 : 6
312 000 : 3
372 000 : 6
432 000 : 3

2 Nullentrick siehe Seite 33

Zu Gast bei Adam Ries

1 Adam Ries benutzte zum Rechnen ein Rechenbrett oder ein Rechentuch mit Linien. Er legte Rechenpfennige auf die Linien und in die Zwischenräume. Damit konnte er Zahlen legen. Das sah dann so aus:

Adam Ries, 1492 bis 1559
Rechenmeister

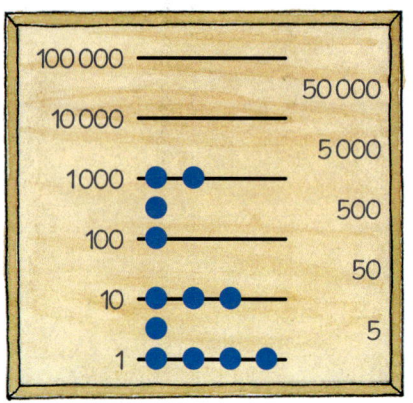

Rechne so:
2 000 + 500 + 100 + ...

Regeln:
Auf einer Linie liegen höchstens 4 Pfennige, in einem Zwischenraum höchstens einer.

Das macht nach Adam Ries ...

2 Welche Zahlen sind hier gelegt? Schreibe auf, wie sie zusammengesetzt werden.

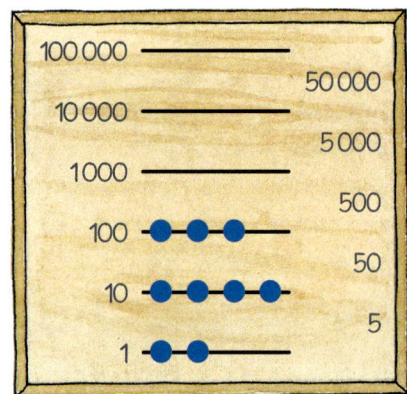
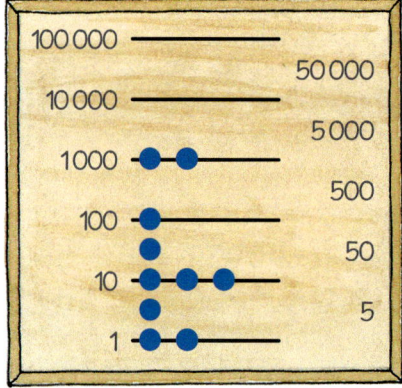
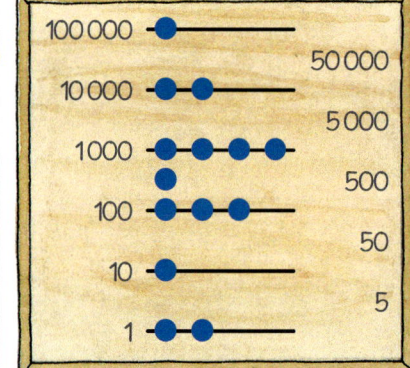

3 Zeichne selbst ein Rechenblatt. Verwende Plättchen als Rechenpfennige. Lege die Zahlen wie ein alter Rechenmeister.

14, 46, 81, 111, 349, 958, 4 622, 27 379, 5 381, 260 156

Lege auch andere Zahlen.

4 a) Legt verschiedene Zahlen mit 3 Plättchen.
b) Findet alle Möglichkeiten.

3, 7, 12,

Dann kommt ▢.

Schlau sein wie Gauß

1

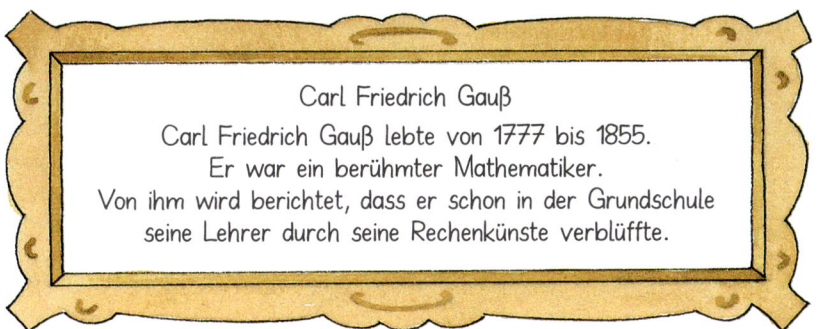

Carl Friedrich Gauß
Carl Friedrich Gauß lebte von 1777 bis 1855.
Er war ein berühmter Mathematiker.
Von ihm wird berichtet, dass er schon in der Grundschule
seine Lehrer durch seine Rechenkünste verblüffte.

Als Carl Friedrich Gauß 9 Jahre alt war, stellte Lehrer Büttner die Aufgabe, die Zahlen von 1 bis 100 zu addieren. Alle Kinder arbeiteten angestrengt und addierten mühsam Zahl um Zahl. Aber der kleine Gauß legte nach nur wenigen Minuten seine Schiefertafel mit dem richtigen Ergebnis auf das Pult des völlig überraschten Lehrers.

$1 + 2 + 3 + 4 + 5 + 6 + \ldots + 95 + 96 + 97 + 98 + 99 + 100 = \Box$

Carl Friedrich Gauß hatte einen Trick gefunden, mit dem er schnell rechnen konnte. Du entdeckst den Trick, wenn du dir die Aufgabe von Max und seinen Lösungsweg anschaust.

Aufgabe: Addiere alle Zahlen von 1 bis 10.

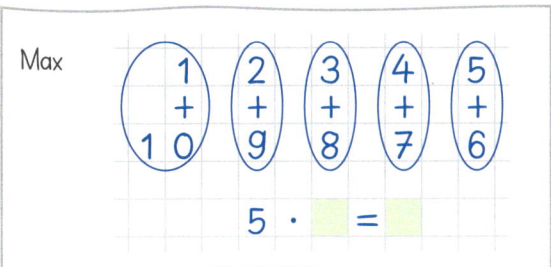

a) Wie rechnet Max? Einen Hinweis auf den Trick findest du auch durch die farbigen Felder auf der Hundertertafel.
b) Wie hättest du gerechnet?
c) Wie groß ist dann die Summe der Zahlen von 1 bis 100?

2 Berechne die Summe der Zahlen

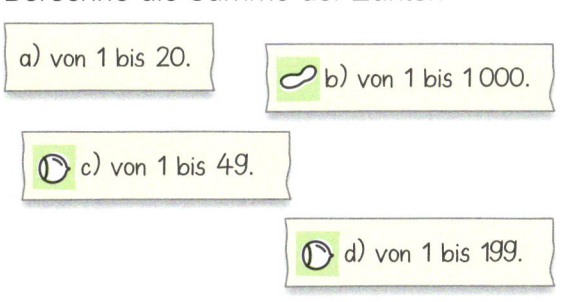

a) von 1 bis 20.
b) von 1 bis 1000.
c) von 1 bis 49.
d) von 1 bis 199.

3 Eine Turmuhr schlägt immer nur zur vollen Stunde:
Um 1 Uhr schlägt sie einmal,
um 2 Uhr zweimal usw.
a) Wie oft schlägt die Uhr in 12 Stunden?
b) Wie oft schlägt sie täglich?
c) Wie oft schlägt sie in einer Woche?

Schriftlich multiplizieren

1

2 Rechne wie Fatma oder Mia.

a)
```
H Z E        H Z E        H Z E        H Z E        H Z E
3 1 2 · 3    2 4 1 · 2    2 0 3 · 3    4 1 0 · 2    3 1 4 · 2
    6
```
482   609   628   820   936

b)
```
T H Z E          T H Z E          T H Z E          T H Z E
2 1 3 1 · 3      4 3 3 4 · 2      1 0 3 2 · 3      2 2 0 1 · 4
```
3096   6393   8804   8668

3

Achtung **Überträge**! Wie merkst du sie dir?

4 · 7 = 28,   **8** an, **2** gemerkt
4 · 3 = 12, 12 + 2 = 14,   **4** an, **1** gemerkt
4 · 5 = 20, 20 + 1 = 21,   **21** an

4 Q
a) 475 · 3   12
   248 · 4   20
   419 · 2   19
   253 · 3   21
   342 · 4   18

b) 305 · 5   13
   270 · 7   18
   109 · 9   18
   560 · 2   4
   408 · 6   18

c) 3476 · 3   15
   7051 · 6   15
   4524 · 4   24
   5307 · 5   21
   6824 · 7   32

d) 7256 · 6   21
   8604 · 8   27
   9438 · 9   27
   9076 · 7   19
   6797 · 8   25

e) 38426 · 5   16
   67083 · 6   27
   95538 · 8   24
   86009 · 7   17
   79687 · 9   27

Schriftlich multiplizieren

1
Überschlage zuerst, rechne dann genau. Vergleiche die Ergebnisse.

Ü: 600 · 2 =

642 · 2
    4

Einige Aufgaben rechne ich im Kopf.

a) 642 · 2   137 · 6
   534 · 5   423 · 7
   216 · 3   995 · 8
   307 · 4   249 · 2

b) 1 650 · 6   4 543 · 3
   3 300 · 3   8 012 · 7
   1 009 · 5   6 735 · 8
   6 341 · 6   2 060 · 4

c) 14 512 · 2   82 895 · 3
   22 823 · 3   75 006 · 5
   50 731 · 4   12 682 · 3
   19 023 · 2   90 705 · 8

2
Immer 3 Aufgaben haben das gleiche Ergebnis.

1 250 · 8	123 456 · 8	89 404 · 9	2 500 · 4	201 159 · 4
329 216 · 3	499 · 10	998 · 5	246 912 · 4	2 495 · 2
4 938 · 2	114 948 · 7	5 000 · 2	2 469 · 4	3 292 · 3

3
a) Die Grundschule am Park bekommt pro Woche an jedem Schultag 217 Päckchen Milch geliefert.

b) An der Waldschule haben 248 Kinder Milch bestellt. Mittwochs kommt der Milchlieferant leider nicht.

c) Die Kinder der Kreativ-Grundschule bekommen in diesem Monat 8-mal Äpfel geliefert. 163 Kinder haben einen Apfel, 37 Kinder zwei Äpfel und 71 Kinder keinen Apfel bestellt.

d) In der Südschule verkauft der Bäcker in den Pausen Brötchen, 3-mal pro Woche sogar Pizzabrötchen. Von denen verkauft er 90 mit Salami und 135 mit Schinken.

4

a)   2 ▓ 0 · 3
       9 0 ▓

b)   ▓ 0 8 · 6
      4 2 ▓ 8

c)   5 2 ▓ · 4
      ▓ 1 0 4

d)   ▓ ▓ ▓ · 3
      3 9 6 3

e)   3 8 ▓ · 5
      ▓ ▓ 3 0

f)   5 ▓ 3 · ▓
      ▓ 5 8 6

g)   ▓ 0 9 3 · 5
      5 ▓ 6 5

h)   ▓ 5 2 · 2
      9 0 5 8

i)   ▓ 2 0 · 8
      9 ▓ 4 8

Erfinde eigene Klecksaufgaben, die dein Partner lösen kann.

Überschlag und Fehlersuche

1 Jeder Schüler hat Fehler gemacht. Finde sie. Manchmal reicht der Überschlag.

Felix
997 · 7 = 6972
316 · 5 = 1580
782 · 4 = 2428

Julia
39 874 · 2 = 80 748
46 329 · 2 = 92 659
30 188 · 3 = 90 364

Ben
852 · 8 = 6616
948 · 6 = 5888
753 · 7 = 5271

Hanna
60 377 · 3 = 180 031
39 552 · 8 = 320 116
30 423 · 9 = 801 007

Marie
9873 · 5 = 49 365
4067 · 9 = 32 603
8902 · 4 = 32 368

Finn
4082 · 6 = 24 496
7804 · 2 = 1608
5148 · 9 = 46 332

2 Finde Rechenfehler. Bei einigen Aufgaben reicht der Überschlag.

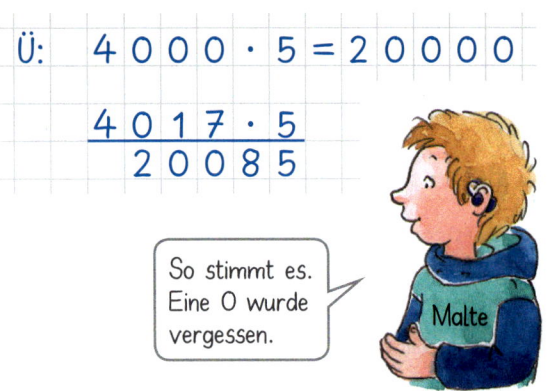

a) 4017 · 5   147 · 7   809 · 8
   2085   1029   6402

b) 4731 · 2   3012 · 8   24 732 · 3
   10 462   2496   64 196

c) 394 · 9   12 578 · 4 6271 · 6
   3546   40 312   37 626

3
a) Das 8-Fache von 333 ist meine Zahl.

b) Meine Zahl ist das 5-Fache von 1234.

c) Du findest meine Zahl, wenn du 2627 zuerst mit 3 multiplizierst und dann das 6-Fache des Ergebnisses bildest.

d) Meine Zahl findest du, wenn du 9876 mit 9 multiplizierst und dann 9876 addierst.

e) Erfinde eigene Zahlenrätsel für deinen Partner.

4 Vergleiche die Rollen.

a)
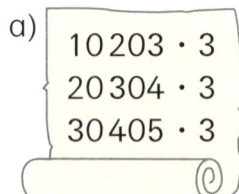
10 203 · 3
20 304 · 3
30 405 · 3

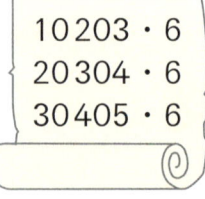
10 203 · 6
20 304 · 6
30 405 · 6

b)
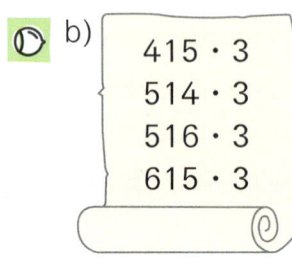
415 · 3
514 · 3
516 · 3
615 · 3

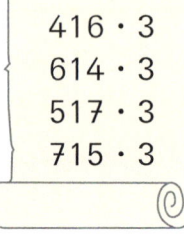
416 · 3
614 · 3
517 · 3
715 · 3

Wie rechnest du?

1 Entscheide, wie du rechnest. Erfinde für jeden Briefkasten noch 5 Aufgaben.

Ich rechne im Kopf. — 830 · 3
800 · 3 =
30 · 3 =

Ich mache mir Notizen. — 830 · 6
4800, 180, 4980

Ich rechne schriftlich. — 837 · 6
8 3 7 · 6
5 0 2 2

6 · 5700   12763 · 6   3400 · 7   19999 · 5
750 · 9   31654 · 3   7600 · 2   1876 · 8
280 · 7   7 · 6345   999 · 4   4 · 1020
3 · 3300   895 · 8   26000 · 3   9476 · 7

2 Wie rechnest du hier? Entscheide bei jeder Aufgabe neu.

a) 122 · 4   20
   139 · 5   20
   2314 · 2 20
   4 · 1985 20
   5 · 3685 20
   8 · 799   20

b) 3807 · 8 18
   5500 · 9 18
   5391 · 4 18
   2 · 14004 18
   3 · 6060 18
   7 · 6543 18

c) 1083 · 5   15
   4121 · 3   15
   20441 · 3 15
   6 · 13522 15
   5 · 10101 15
   6 · 10060 15

3

a) Du erhältst meine Zahl, wenn du 9876 mit 5 multiplizierst.

b) Du erhältst meine Zahl, wenn du 5 mit 55555 multiplizierst.

c) Du erhältst meine Zahl, wenn du 8 mit 4730 multiplizierst.

d) Wenn du 12345 mit dem Doppelten von 3 multiplizierst, erhältst du meine Zahl.

e) Wenn du 9 zuerst mit 2222 und das Ergebnis mit 5 multiplizierst, erhältst du meine Zahl.

f) Wenn du 76543 mit der Hälfte von 12 multiplizierst, erhältst du meine Zahl.

g) Du erhältst meine Zahl, wenn du das 8-Fache von 23456 mit der Hälfte von 10 multiplizierst.

h) Du erhältst meine Zahl, wenn du das Doppelte von 8888 mit dem 4-Fachen von 2 multiplizierst.

i) Du erhältst meine Zahl, wenn du das 9-Fache von 54321 mit dem 3-Fachen von 2 multiplizierst.

Dreierketten als Lösungshilfen

1 Welche Dreierkette passt? Begründe und löse.

| Preis 1 | + | Preis 2 | = | Gesamtpreis |

| Anzahl | · | Preis | = | Gesamtpreis |

2 Nutze die Dreierketten.

Aha, verschiedene Situationen, aber die gleiche Dreierkette.

a) Lola kauft 2 neue Achsen. Jede kostet 34,99 €.

b) Ida kauft eine Packung neue Kugellager für 21,99 € und Wachs für 8,99 €.

c) Quirin kauft ein komplettes Longboard für 239,99 € und Lenkgummis für 7,99 €.

d) Lucy kauft für sich und ihre Schwester neue Decks zu je 44,99 €.

3 Welche Dreierkette passt? Ordne zu und löse.

a) Tia kauft 8 Schrauben für je 3,99 €.

b) Marie vergleicht den Preis für Helme. Der eine kostet 69,99 €. Der andere nur 44,95 €.

c) Im Sonderangebot ist ein komplettes Longboard um 80 € reduziert, vorher kostete es 359,95 €.

d) Nils kauft Ellenbogenschützer für 179,99 € und Knieschoner für 29,99 €.

1 | Preis 1 | + | Preis 2 | = | Gesamtpreis |

2 | alter Preis | − | Nachlass | = | neuer Preis |

3 | Anzahl | · | Preis | = | Gesamtpreis |

4 | Preis 1 | − | Preis 2 | = | Preisunterschied |

4

a) Ali kauft 2 Lenkgummis für je 4,99 €.

b) Marco kauft ein komplettes Skateboard. Es kostet eigentlich 109,99 €, wurde aber um 20 € reduziert.

c) Claudia kauft ein komplettes Longboard für 179,99 € und einen Helm für 49,99 €.

d) Gitte vergleicht die Preise für Schonersets. Eines kostet 57,95 €, das andere 54,99 €.

2 Dreierketten von **1** nutzen.

Dreierketten als Lösungshilfen

1 Welche Dreierkette passt? Begründe und löse.

| Preis 1 | + | ? | = | Gesamtpreis |

| Anzahl | · | ? | = | Gesamtpreis |

2 Nutze die Dreierketten.

a) Ein Tennisverein kauft für die 4 Tennisplätze neue Netze. Sie kosten zusammen 1 319,60 €.

b) Lani kauft eine neue Tennistasche und Tennissaiten für 23,50 €. Sie bezahlt zusammen 113,45 €.

c) Emmi kauft Tennisschuhe für 69,95 € und eine Trainingshose. Zusammen bezahlt sie 92,85 €.

d) Ein Tennislehrer kauft für seine 7 Schüler neue Griffbänder. Insgesamt kosten sie 54,25 €.

3 Welche Dreierkette passt? Ordne zu und löse.

a) Naomi vergleicht die Preise für Tennisschläger. Einer kostet 23,90 €, der andere ist um 16,09 € teurer.

b) Im Sonderangebot kostet ein Paar Tennisschuhe statt 49,99 € nur noch 39,90 €.

c) Wie viel Geld kann sich Peter sparen, wenn er statt des teuren Tennisschlägers für 49,95 € den günstigeren für 24,99 € nimmt?

d) Leo hat Dosen mit Tennisbällen gekauft. Eine kostet 4,98 €. Er bezahlt 24,90 €.

✽ e) Einige Dreierketten sind übrig. Schreibe dazu eigene Rechengeschichten.

1 | ? · Preis = Gesamtpreis
2 | Preis 1 + ? = Gesamtpreis
3 | ? − Preis 2 = Preisunterschied
4 | alter Preis − ? = neuer Preis
5 | Preis 1 + Preis 2 = ?
6 | Preis 1 − Preis 2 = ?

2 Dreierketten von 1 nutzen.

Schriftlich dividieren

1

2 Rechne wie Mia.
- a) 492 : 3 ₁₁
  792 : 6 ₆
  765 : 5 ₉
  896 : 4 ₈
- b) 952 : 7 ₁₀
  624 : 4 ₁₂
  882 : 6 ₁₂
  966 : 3 ₇
- c) 5 736 : 4 ₁₂
  8 616 : 6 ₁₄
  9 695 : 7 ₁₇
  9 984 : 8 ₁₅
- d) 896 : 8 ₄
  7 945 : 7 ₁₀
  892 : 4 ₇
  9 684 : 3 ₁₅

3

4 Überschlage und rechne.
- a) 644 : 7 ₁₁
  432 : 6 ₉
  882 : 9 ₁₇
  395 : 5 ₁₆
  258 : 3 ₁₄
- b) 2 232 : 3 ₁₅
  6 688 : 8 ₁₇
  2 688 : 4 ₁₅
  1 936 : 2 ₂₃
  4 123 : 7 ₂₂
- c) 66 152 : 8 ₂₅
  59 142 : 6 ₂₉
  59 346 : 7 ₂₇
  29 112 : 3 ₂₀
  23 595 : 5 ₂₁
- d) 13 116 : 2 ₂₄
  31 752 : 4 ₂₇
  15 255 : 9 ₂₁
  25 795 : 7 ₂₂
  66 736 : 8 ₁₇

Schriftlich dividieren

1 Überschlage, rechne und mache die Probe. 87 661 : 7

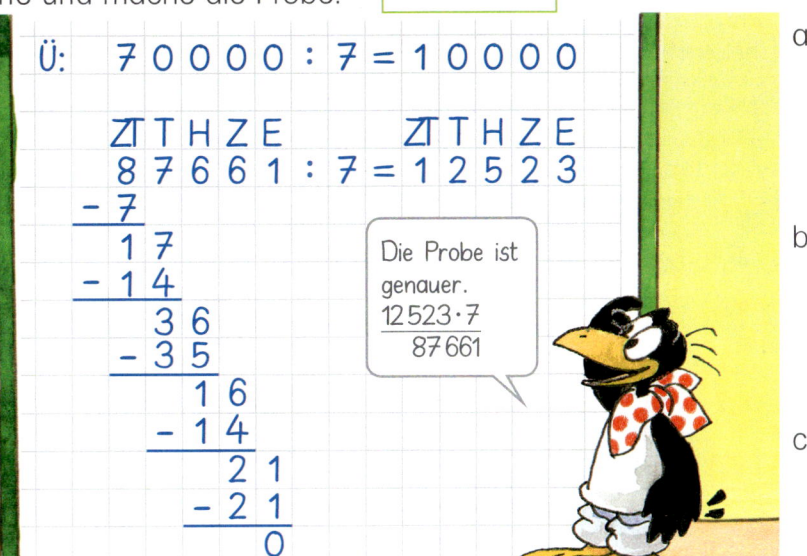

Mit dem Überschlag prüfe ich, ob mein Ergebnis stimmen kann.

Ü: 70 000 : 7 = 10 000

```
ZT H Z E           ZT H Z E
 8 7 6 6 1 : 7 = 1 2 5 2 3
-7
 1 7
-1 4
   3 6
  -3 5
     1 6
    -1 4
       2 1
      -2 1
         0
```

Die Probe ist genauer.
12 523 · 7
87 661

a) 6 315 : 5
79 415 : 7
65 296 : 4
94 896 : 8

b) 8 148 : 4
86 415 : 7
7 722 : 6
8 388 : 6

c) 9 457 : 7
6 324 : 4
7 788 : 6
79 455 : 3

2 Prüfe nur mit dem Überschlag.

a) Liegt das Ergebnis zwischen 200 und 300?

984 : 4
1 011 : 3
980 : 5
1 734 : 6

b) Liegt das Ergebnis näher bei 5 000 oder bei 6 000?

17 949 : 3
42 368 : 8
35 940 : 6
21 456 : 4

c) Liegt das Ergebnis näher bei 70 000 oder bei 80 000?

149 826 : 2
518 042 : 7
692 910 : 9
616 032 : 8

3

a)
```
 5 ■ 4 ■ : 6 = 9 8 ■
-5 4
   5 1
  -  ■
    3 4
   -3 0
      ■ 2
     -  2
        0
```

b)
```
 6 6 1 ■ 2 : ■ = 8 2 6 ■
-6 4
   1 6
  -1 6
     5 5
    -4 8
       ■
      -■
       0
```

Schon wieder gekleckst.

c)
```
 4 7 ■ 2 ■ : 7 = ■ 8 9
-4 2
   5 ■
  -4 9
     ■
    -■
     6 ■
    -6
       0
```

d)
```
■ ■ ■ 4 : ■ = 9 ■ 7
-8 1
   7 8
  -7 2
     6 8
    -■
     5 4
    -■
```

Schriftlich dividieren mit Nullen

1

2 Überschlage und rechne.

a) 612 : 3   6
924 : 3   11
945 : 5   18
812 : 4   5

b) 4818 : 6   11
5656 : 7   16
4864 : 8   14
8163 : 9   16

c) 18492 : 6   13
51135 : 7   15
81072 : 9   17
26828 : 4   20

d) 985035 : 5   24
883228 : 4   19
690204 : 3   19
720036 : 4   18

3 Finde Rechenfehler. Bei einigen Aufgaben reicht der Überschlag.

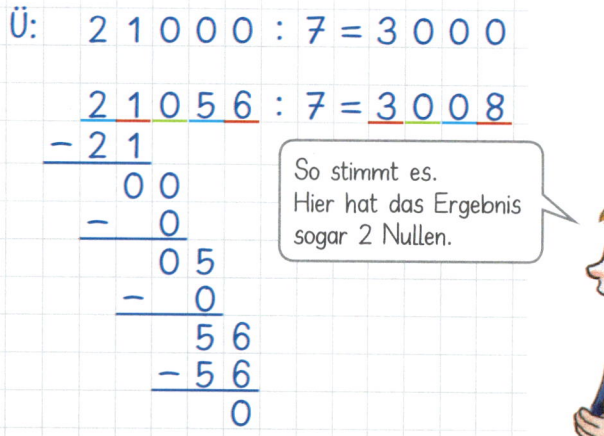

So stimmt es. Hier hat das Ergebnis sogar 2 Nullen.

a) 21056 : 7 =   308
294042 : 6 = 49006
7080 : 4 =   1770
24056 : 8 =   307
9201 : 3 =   367

b) 4375 : 5 =   870
561114 : 6 = 93519
64968 : 4 = 16242
140581 : 7 =   2083
24210 : 3 =   8060

4 Bilde Zahlen, die man ohne Rest teilen kann. Verwende dabei jede Ziffer genau einmal.

a) Bilde aus den Ziffern 8, 7 und 3 alle möglichen Zahlen, die man durch 2 teilen kann.

b) Bilde aus den Ziffern 9, 7 und 2 alle möglichen Zahlen, die man durch 3 teilen kann.

c) Bilde aus den Ziffern 9, 8, 7 und 3 alle möglichen Zahlen, die man durch 2 teilen kann.

Wie rechnest du?

1 Entscheide, wie du rechnest. Erfinde für jeden Briefkasten noch 5 Aufgaben.

Ich rechne im Kopf. 4016 : 8
4000 : 8 =
16 : 8 =

Ich mache mir Notizen. 4872 : 8
600, 9, 609

Ich rechne schriftlich. 7032 : 8
7032 : 8 = 879
−64
 63
 −56
  72
  −72
   0

86352 : 3   53578 : 7   6318 : 9   3500 : 50
2127 : 3   7290 : 9   6258 : 7   66350 : 5
11925 : 3   3594 : 6   5292 : 6   54045 : 9
4844 : 4   7208 : 8   68124 : 7 6440 : 8

2 Wie rechnest du hier? Entscheide bei jeder Aufgabe neu.

a) 3248 : 8   10
   1569 : 3   10
   3110 : 5   10
   23947 : 7 10
   256 : 4   10
   13698 : 9 10

b) 11472 : 8 12
   330 : 5   12
   240 : 5   12
   4968 : 9   12
   342 : 6   12
   1104 : 2   12

c) 198 : 2   18
   21654 : 3 18
   2790 : 5   18
   4968 : 6   18
   1836 : 2   18
   396 : 4   18

3

a) Du erhältst meine Zahl, wenn du 87654 durch 3 dividierst.

b) Du erhältst meine Zahl, wenn du 73737 durch 9 dividierst.

c) Du erhältst meine Zahl, wenn du 12345 durch 5 dividierst.

d) Wenn du meine Zahl mit 3 multiplizierst, erhältst du 9876.

e) Das 3-Fache meiner Zahl ist 80808.

f) Wenn du meine Zahl mit 7 multiplizierst, erhältst du 97531.

g) Wenn du meine Zahl zuerst durch 3 dividierst und dann mit 4 multiplizierst, erhältst du 84848.

h) Wenn du meine Zahl zuerst mit 3 multiplizierst und dann durch 7 dividierst, erhältst du 12345.

i) Wenn du meine Zahl zuerst mit der Hälfte von 10 multiplizierst und dann durch 3 dividierst, erhältst du 59595.

Schriftlich multiplizieren mit Kommazahlen

1 Kira und Leo bereiten eine Party mit 4 Freunden vor.

Was sollten Kira und Leo noch für die Party kaufen? Wie viel kostet es?

2 Wie viel Geld bekommst du zurück? Wo reicht das Geld nicht?

a)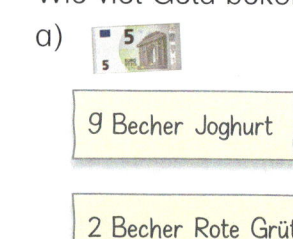

9 Becher Joghurt

2 Becher Rote Grütze
1 Netz Orangen
3 Beutel Brausepulver

3 Flaschen Orangensaft

b)

4 Netze Orangen

4 Pizzen
2 Packungen Salzstangen

3 Becher Joghurt
5 Flaschen Orangensaft
6 Beutel Brausepulver

✿ Was möchtest du kaufen?

c)

2 Packungen Kuchenbackmischung
8 Flaschen Orangensaft
3 Pizzen
1 Becher Rote Grütze

9 Flaschen Orangensaft
6 Packungen Salzstangen

6 Becher Rote Grütze
7 Packungen Salzstangen
8 Beutel Brausepulver

3 Reicht das Geld? Prüfe mit dem Überschlag.

a) Reichen 10 € für 6 Flaschen Orangensaft?

b) Reichen 10 € für 5 Netze Orangen?

c) Reicht ein Euro für 4 Päckchen Brausepulver?

d) Reicht ein Euro für 3 Becher Joghurt?

✿ e) Stelle deinem Partner Fragen.

Schriftlich dividieren mit Kommazahlen

1 Die Party hat 28,68 € gekostet. Wie viel muss jeder bezahlen?

2 Überschlage und rechne. Mache eine Probe.

a) 30,24 € : 3
181,50 € : 6
6 543,00 € : 4
19 602,00 € : 3

b) 19 602,90 € : 3
27 038,58 € : 6
36 655,71 € : 7
77 919,21 € : 9

c) 847,36 m : 2
17,28 m : 9
423,68 m : 8
69,12 m : 4

d) 73 458,12 m : 3
65 034,68 m : 4
96 543,34 m : 2
81 175,62 m : 6

3 3 Familien essen gemeinsam in einem Restaurant.
a) Berechne die Einzelpreise.
b) Was muss jede Familie bezahlen?
Familie Yilmaz: 1 Limo, 1 Wasser, 1 Schorle, 2 Suppen, 1 Schnitzel, 1 Portion Spaghetti, 1 Lasagne
Familie Neißl: 2 Limo, 1 Wasser, 1 Schorle, 1 Suppe, 1 Portion Spaghetti, 1 Pizza, 1 Lasagne
Familie List hatte den Rest.

Rechnung	
4 x Limo	6,40 €
3 x Wasser	3,75 €
3 x Schorle	5,40 €
5 x Suppe	16,75 €
2 x Schnitzel	19,50 €
3 x Spaghetti	16,80 €
2 x Pizza	14,50 €
2 x Lasagne	14,70 €

4 Kann das stimmen? Prüfe nur mit dem Überschlag.

Da stimmt doch etwas nicht!

a) Wenn 8 Tafeln Schokolade 11,92 € kosten, kostet eine Tafel weniger als einen Euro.

b) Wenn 6 Becher Joghurt 2,34 € kosten, kostet ein Becher knapp 40 Cent.

c) Ein Kilogramm Äpfel kostet ungefähr 2 €. Ein Apfel kostet dann etwa 33 Cent.

d) Nele behauptet, eine Flasche Saft kostet weniger als einen Euro. Für eine ganze Kiste hat sie 14,70 € bezahlt.

Schriftlich dividieren mit Rest

1

Montag 562
Dienstag 428
Mittwoch 513
Donnerstag 378
Freitag 469
Samstag 724
Sonntag 845

Maximal 6 Personen

So viele Personen fahren jeweils mit der Gletscherbahn auf den Gipfel. Wie viele Gondeln benötigt man mindestens?

2 Überschlage und rechne. Mache eine Probe.

a) 323 : 2
323 : 5
323 : 4
323 : 7

b) 6 035 : 6
4 628 : 3
8 401 : 5
2 324 : 8

c) 17 688 : 9
54 731 : 8
25 633 : 2
87 302 : 5

d) 546 040 : 7
982 053 : 6
728 079 : 9
320 307 : 4

3 Finde Fragen, rechne und antworte.
a) Eine Gondel der Bergblick-Seilbahn befördert 8 Personen oder 710 kg.
b) Die 6er-Sesselbahn „Hochblick" befördert 19 880 Personen pro Tag.
c) Frau Populos kauft im Skigebiet Bergdorf einen 6-Tages-Skipass für 195 €.
d) 7 Skifahrer fahren ins Trainingslager. Der Trainer verteilt 90 Einzelfahrten an die Mannschaft.

Was bedeutet der Rest und was passiert mit ihm?

Erfinde eigene Aufgaben mit Rest.

4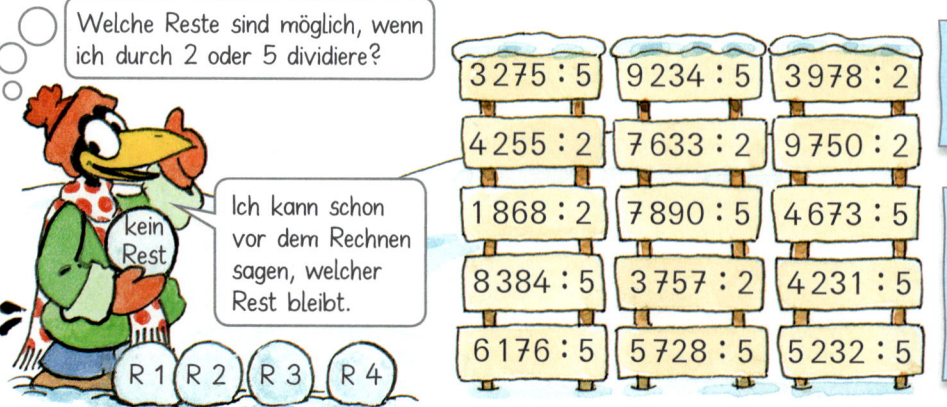

Welche Reste sind möglich, wenn ich durch 2 oder 5 dividiere?

Ich kann schon vor dem Rechnen sagen, welcher Rest bleibt.

kein Rest — R 1 — R 2 — R 3 — R 4

3 275 : 5 — 9 234 : 5 — 3 978 : 2
4 255 : 2 — 7 633 : 2 — 9 750 : 2
1 868 : 2 — 7 890 : 5 — 4 673 : 5
8 384 : 5 — 3 757 : 2 — 4 231 : 5
6 176 : 5 — 5 728 : 5 — 5 232 : 5

Suche 5 Aufgaben, die beim Dividieren durch 2 den Rest 1 haben.

Suche 5 Aufgaben, die beim Dividieren durch 5 den Rest 0 (1, 2, 3, 4) haben.

Rechenwerkstatt

1 Was fällt dir auf? Beschreibe in deinem Lerntagebuch.

a) 14 · 5
1414 · 5
141414 · 5

b) 6 · 6
66 · 6
666 · 6

c) 55 · 9
555 · 9
5555 · 9

d) 12 · 7
1212 · 7
121212 · 7

e) 9999 · 3
3333 · 9

f) 444 · 3
333 · 4

g) 77 · 5
55 · 7

h) 2469 · 4
2469 · 5

2

a) Du erhältst meine Zahl, wenn du 49362 mit 5 multiplizierst. 21

b) Du erhältst meine Zahl, wenn du 27469 mit 4 multiplizierst. 31

c) Du erhältst meine Zahl, wenn du 90535 mit 6 multiplizierst. 15

d) Du erhältst meine Zahl, wenn du alle geraden Zahlen von 1–10 multiplizierst. 15

e) Du erhältst meine Zahl, wenn du alle ungeraden Zahlen von 1 bis 10 multiplizierst. 18

f) Du erhältst meine Zahl, wenn du das 3-Fache von 2 mit 20185 multiplizierst. 6

g) Wenn du meine Zahl erst durch 3 dividierst und dann mit 5 multiplizierst, erhältst du 131415. 36

h) Wenn du meine Zahl erst durch 4 dividierst und dann mit 7 multiplizierst, erhältst du 56665. 16

i) Wenn du meine Zahl erst durch das 3-Fache von 9 dividierst und dann mit 3 multiplizierst, erhältst du 64446. 18

3 Welche Zahlen sind ohne Rest durch 10 (6, 5, 4, 3, 2) teilbar? Zeichne eine Tabelle und kreuze an.

	2742	2348
teilbar durch 10		
teilbar durch 6	X	
teilbar durch 5		
teilbar durch 4		
teilbar durch 3	X	
teilbar durch 2	X	

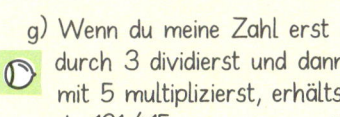

Wenn ich eine Zahl durch 2 und durch 3 dividieren kann, ist sie auch durch ☐ teilbar.

Und bei der 4?

a) 2742   8350
2348   3912
696   496
126   567

b) 4164   7215
5376   9720
5260   6812
780   300

4

a) Dividiere die Zahl 420 durch alle Zahlen von 2 bis 6 und die Zahl 2520 durch alle Zahlen von 2 bis 10. Was fällt dir auf?

Manche Zahlen können mehrfach vorkommen.

b) Welche 5 Zahlen musst du multiplizieren, um 420 zu erhalten?

c) Welche 7 Zahlen musst du multiplizieren, um 2520 zu erhalten?

d) Suche noch weitere Zahlen, die man durch alle Zahlen von 2 bis 10 dividieren kann.

Auf dem Reiterhof — Lösungswege vergleichen

Urlaub auf dem Reiterhof

Übernachtung mit Frühstück
pro Tag und Person 22,00 €

Reitunterricht
Erwachsene 13,80 € pro Stunde
Kinder 10,80 € pro Stunde

Vollpension
Im Preis ist eine Reitstunde je Tag enthalten.
Erwachsene 39,90 € am Tag
Kinder 33,90 € am Tag

Komplettangebot für Gruppen
Montag bis Freitag inkl. Vollpension und 5 Reitstunden
Preis: 125 € pro Person
Buchung zusätzlicher Reitstunden möglich

Ferienwohnungen für 2–5 Personen
Ferienwohnung A (2 Personen) 37,00 €
Ferienwohnung B (4 Personen) 49,00 €
Ferienwohnung C (5 Personen) 56,00 €
Alle Preise pro Wohnung und Tag
Mindestaufenthalt 3 Tage

Endreinigung
Ferienwohnung A 16,50 €
Ferienwohnung B 21,50 €
Ferienwohnung C 26,50 €
Bei Mitbringen eines Haustiers berechnen wir die doppelte Endreinigung.

---

1 Familie Berger plant 7 Tage Urlaub auf dem Reiterhof. Die Eltern Berger sowie die beiden Kinder Hans und Maike entscheiden sich für die Ferienwohnung B. Da sie selbst kochen wollen, rechnen sie für die Verpflegung der ganzen Familie 30 € pro Tag ein.
Die beiden Kinder wollen jeweils zwei Stunden am Tag reiten. Herr und Frau Berger reiten jeweils nur eine Stunde pro Tag.

a) Was rechnen Hans und Maike aus? Stelle die passende Frage.
b) Vergleiche die Lösungswege der beiden. Was fällt dir auf?
c) Löse und antworte.

Hans
10,80 € · 4 = ☐ €
13,80 € · 2 = ☐ €
☐ € + ☐ € + ☐ € + ☐ € = ☐
☐ · 7 = ☐
☐ + 21,50 € = ☐

Maike

	pro Tag	Tage	gesamt
Ferienwohnung	49 €	7	
Reitstunden Kinder			
Reitstunden Eltern			
Verpflegung			

---

2 Löst die Aufgaben. Vergleicht eure Lösungswege.

a) Ina verbringt mit ihren Eltern 3 Tage auf dem Reiterhof. Sie haben Vollpension gebucht. Ina nimmt eine zusätzliche Reitstunde täglich. Wie hoch ist die Rechnung vom Reiterhof?

b) Ina verbringt mit 2 Freundinnen 4 Tage auf dem Reiterhof. Sie haben Übernachtung mit Frühstück gebucht. Zusätzlich nehmen die Kinder je 2 Reitstunden pro Tag. Wie viel müssen sie bezahlen?

c) Ina macht mit ihrer Gruppe (insgesamt 14 Kinder) von Montag bis Freitag Urlaub auf dem Reiterhof. Die Busfahrt kostet pro Kind 9 €. Wie teuer wird der Aufenthalt insgesamt, wenn sich die Gruppe für das Komplettangebot entscheidet?

Mehrschrittige Aufgaben lösen — Pferdehaltung

Tierarzt
Kosten pro Jahr
Impfungen ca. 65 €
Wurmkur ca. 60 €
Behandlungen ca. 500 €

Stallmiete
Eine Box im Stall kostet ungefähr 180 € im Monat. Heu und Wasser sind im Preis inbegriffen.

Hufschmied
sechsmal im Jahr
Hufe ausschneiden ca. 25 €
oder
Hufe beschlagen ca. 80 €

Kaufpreis eines Pferdes
Reitpferde gibt es ab ca. 1500 € zu kaufen. Der Preis kann aber auch bis zu 6000 € betragen. Bei sehr wertvollen Zucht- und Turnierpferden gibt es keine Preisgrenze nach oben.

Haftpflichtversicherung
Jahresbeitrag ca. 75 €

Reitbeteiligung
In der Zeitung wird eine Reitbeteiligung für 150 € im Monat angeboten. Darin sind alle Kosten für Stall, Futter, Tierarzt, Hufschmied und Versicherung enthalten. Das Pferd kann an zwei Tagen in der Woche geritten werden und muss an diesen Tagen auch versorgt werden.

Futterkosten
So viel kosten je 100 kg:
Hafer ca. 40 €
Stroh ca. 8 €

Kosten pro Jahr:
Mineralfutter ca. 50 €

Futter und Stallpflege
täglicher Bedarf:
Hafer ca. 3 kg
Heu ca. 6 kg
Stroh ca. 10 kg

Pflegemittel
Bürsten, Striegel, Hufkratzer, Shampoo ...
Kosten pro Jahr: 50 €

Arbeitszeit
tägl. Ausmisten ca. $\frac{1}{2}$ Stunde
tägl. Füttern ca. $\frac{1}{2}$ Stunde
tägl. Reiten ca. 2 Stunden

1 Hans rechnet aus, wie viel Zeit er für die Versorgung eines eigenen Pferdes in einem Jahr bräuchte. Er hat sich dazu einige Fragen notiert.
Bringe die Fragen in die richtige Reihenfolge und antworte. Rechne mit 30 Tagen für einen Monat.

a) Wie viel Zeit brauche ich in einem Jahr?
b) Wie viel Zeit benötige ich insgesamt an einem Tag?
c) Wie viel Zeit brauche ich insgesamt in einem Monat?

2 Maike möchte gern ein eigenes Pferd. Vater rechnet aus, dass nach dem Kauf des Pferdes Futter- und Stallkosten in Höhe von 2 940 € pro Jahr entstehen. Dazu kommen noch ...

Wie viel kostet die Haltung eines eigenen Pferdes insgesamt in einem Jahr?

Ich überlege mir lieber, wie viel die Reitbeteiligung für ein Jahr kostet.

3 Schreibe Aufgaben zum Thema Tierhaltung für deinen Partner.

Glücksräder — Zufall und Wahrscheinlichkeit

1 Auf dem Schulfest kann man Glücksräder drehen. Man gewinnt, wenn der Zeiger auf ein orangefarbenes Feld zeigt. An welchem Glücksrad würdet ihr lieber drehen? Begründet.

a) Mara: „Ich drehe an diesem Glücksrad."
Nico: „Ich drehe lieber an diesem."
Rabe: „Wir könnten uns ja Glücksräder bauen und es ausprobieren."

b)

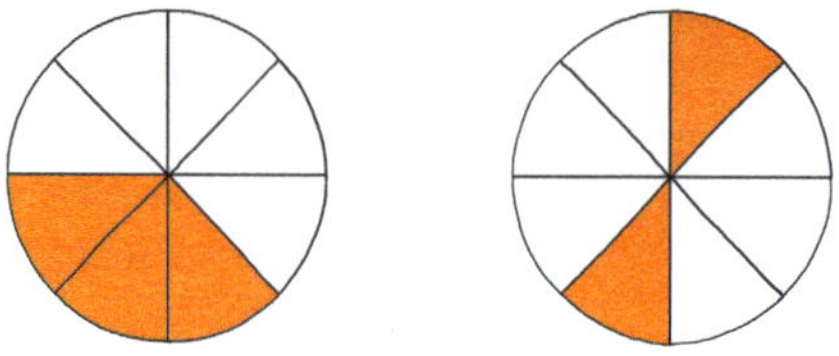

c)

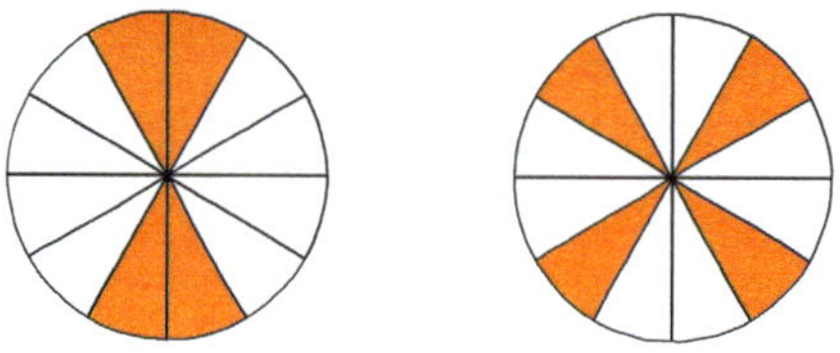

d)

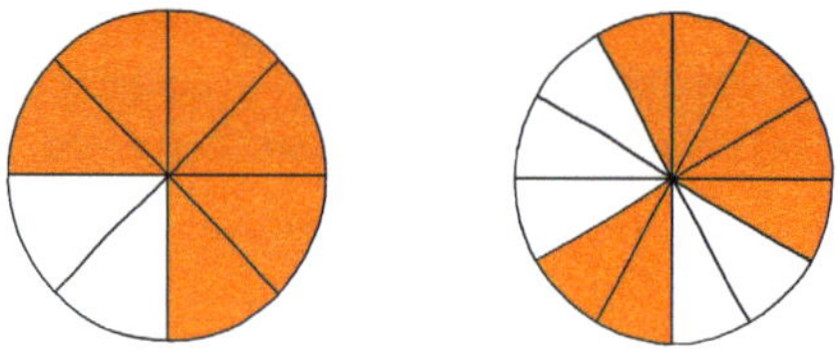

e)

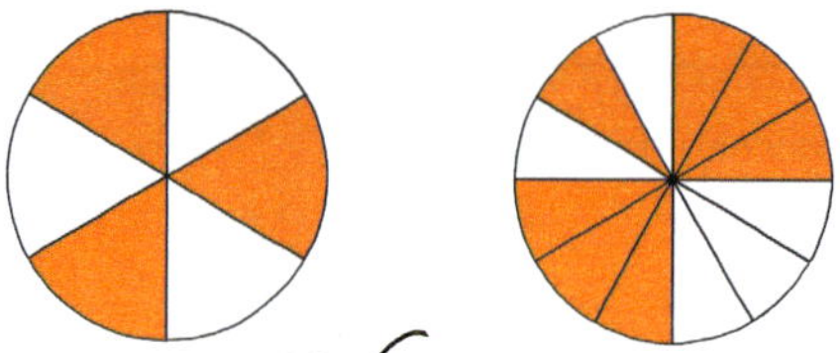

f)

Rabe: „Letztes Jahr gab es sogar 4 Glücksräder."

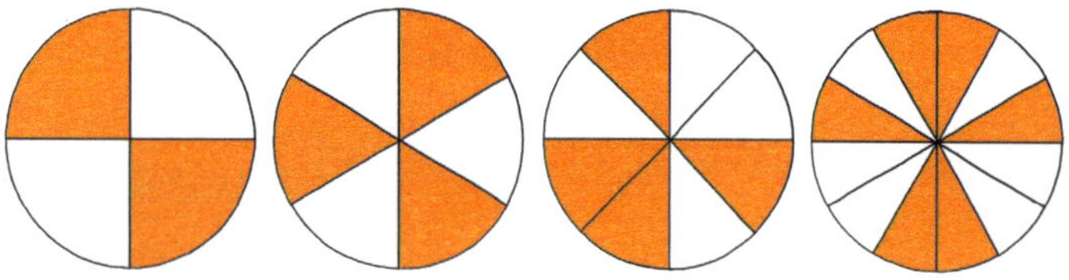

2 Die Klasse 4b hat Glücksräder gezeichnet. Wie könnten sie aussehen? Zeichne mögliche Glücksräder. Wo gibt es mehrere Möglichkeiten?

Emma: Bei meinem Glücksrad sind die Chancen zu gewinnen und zu verlieren genau gleich groß.

Maximilian: Bei meinem Glücksrad ist die Chance zu gewinnen größer als die Chance zu verlieren.

Lilly: Bei meinem Glücksrad ist die Chance zu verlieren leider größer als die Chance zu gewinnen.

Timur: Bei meinem Glücksrad ist es leider unmöglich zu gewinnen.

Büsra: Hurra! Bei meinem Glücksrad gewinnt man sicher.

Adrian: Und bei meinem Glücksrad gewinnt man fast sicher.

78

Zufall und Wahrscheinlichkeit — Glücksräder

1 Wer hat die besten Gewinnchancen beim Glücksrad? Zeichnet für die Glücksräder jeweils einen Wahrscheinlichkeitsstreifen und tragt eure Vermutungen ein. Begründet!

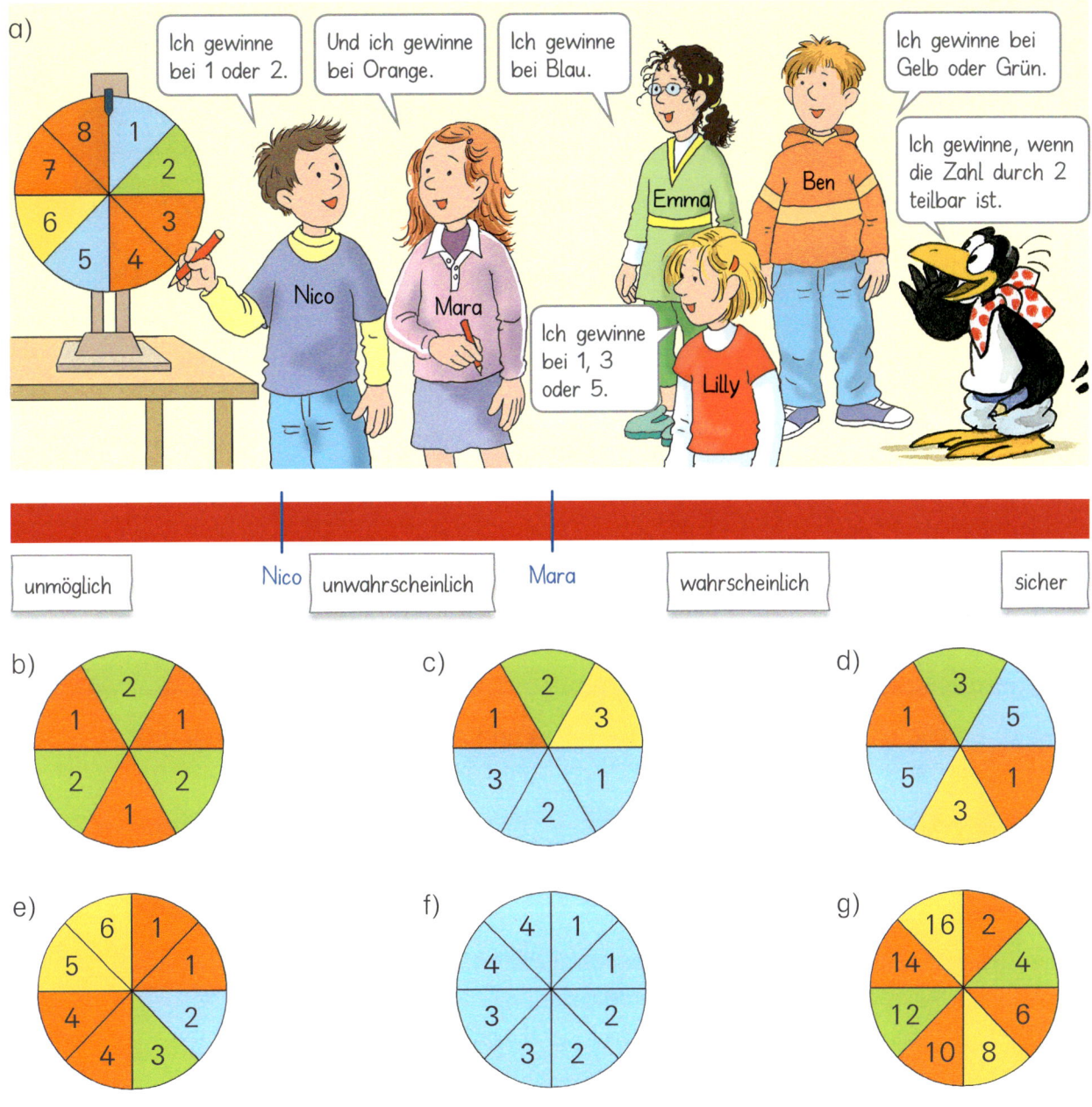

2 Zeichnet selbst Glücksräder mit folgenden Gewinnchancen:

a) Mara hat die gleiche Gewinnchance wie Emma.

b) Mara hat eine viel größere Gewinnchance als Ben.

c) Mara hat eine etwas größere Gewinnchance als Trax.

d) Nico hat die gleiche Gewinnchance wie Lilly, Ben hat die gleiche Chance wie Trax.

e) Emma hat eine viel größere Gewinnchance als Trax, Lilly hat eine viel kleinere Chance als Ben.

f) Nico hat die größte Chance, Lilly die zweitbeste, Emma die drittbeste und Ben die schlechteste.

Wie viele Möglichkeiten gibt es? — Kombinatorik

1 a) Alina und Ercan haben gelbe und blaue Steckwürfel.

> Alina: Wie viele verschiedene Haufen mit je 2 Würfeln können wir daraus bilden?
>
> Hier ist es egal, wie sie liegen.
>
> Ercan: Und wie viele verschiedene 2-stöckige Türme können wir daraus bauen?

b) Moritz und Louisa nehmen noch rote Steckwürfel dazu.

> Moritz: Wie viele verschiedene Haufen mit je 2 Würfeln können wir jetzt bilden?

> Louisa: Und wie viele verschiedene 2-stöckige Türme können wir jetzt bauen?

c) Emelie und Yannick nehmen auch rote und noch grüne Steckwürfel dazu.

> Emelie: Wie viele verschiedene Haufen mit je 2 Würfeln können wir jetzt bilden?

> Yannick: Und wie viele verschiedene 2-stöckige Türme können wir jetzt bauen?

2 Trax hat Geburtstag. Er serviert seinen Gästen kleine **A**nanas-, **B**irnen- und **C**remetörtchen. Welche Törtchen können die Gäste nacheinander essen? Findet alle Möglichkeiten, wenn …

a) jedes Mädchen genau 2 Törtchen schafft.
b) jeder Junge 3 Törtchen schafft. Dabei wollen alle unbedingt Ananas- und Birnentörtchen probieren.

Nr.	1. Törtchen	2. Törtchen
1	A	A
2	A	B
3	A	

> Klar! Man kann auch mehrere der gleichen Sorte essen.

3 In einer Schublade liegen 12 Handschuhe: 3 Paar rote, 2 Paar blaue und 1 Paar gelbe. Im dunklen Raum kannst du nichts sehen.

a) Wie viele Handschuhe musst du nehmen, damit sicher ein gleichfarbiges Paar dabei ist?
b) Wie wäre es, wenn es Socken statt Handschuhe wären?

Fermi-Aufgaben

1 Die Bavaria ist eine weibliche Symbolgestalt für Bayern. Diese Statue aus Bronze steht an der Theresienwiese in München.

a) Wie groß ist die Bavaria etwa?
b) Welche Schuhgröße hätte die Bavaria ungefähr?
c) Wenn man für die Bavaria einen Rock aus 1 m breiten Stoffbahnen nähen würde, wie lang müsste diese Stoffbahn ungefähr sein?
d) Wenn man den Rock für die Bavaria stricken würde, wie viele Maschen wären dafür etwa nötig?

2 a) Wie viel wiegen alle Schülerinnen und Schüler deiner Schule in etwa zusammen?

Jan: Wie viele Schüler hat unsere Schule eigentlich?

Kira: Wie viel wiegt ein Kind?

Elias: Erstklässler sind ja viel leichter als Viertklässler.

b) Wie schwer sind alle Schultaschen in eurer Schule zusammen?

3 a) Wie viele Grundschulen hat Bayern etwa?
b) Wie viele Grundschüler gibt es in Bayern ungefähr?
c) Wie viele Grundschulen gibt es ungefähr in ganz Deutschland?

Enrico Fermi (1901–1954) war ein italienischer Physiker. Er stellte seinen Studenten oft solche Fragen, bei denen man durch eigene Überlegungen und Abschätzungen zu einer ungefähren Lösung kommt.

Kilogramm und Gramm

Schätzt und vergleicht die Gewichte. Ordnet die Gewichtsangaben und Namen den abgebildeten Fahrzeugen zu.

2 Setze <, > oder = ein.

a) 6 670 kg ● 4 700 kg
    30 kg ● 300 g
    417 g ● 471 g
    2 000 g ● 2 kg

b)   1 kg ● 1 001 g
    25 kg ● 14 278 g
    10 kg ● 10 000 g
    909 kg ● 990 g

3 Ordne die Gewichte.

a) 8 kg; 2 kg 500 g; 980 kg; 44 kg;
   250 kg; 9 800 g; 8 kg 600 g; 50 g

b) 400 kg; 2 kg 600 g; 1 800 g; 4 kg;
   9 800 kg; 10 400 g; 38 g; 25 kg

c) 2 kg 400 g; 24 kg; 420 g; 240 kg;
   4 200 g; 20 400 g; 4 kg 20 g; 204 kg

d) 770 g; 7 kg 70 g; 70 700 g; 77 kg;
   7 kg 7 g; 707 kg; 7 700 g; 770 kg

4 Ergänze zum nächsten vollen Kilogramm.

9 k g 8 2 7 g + ☐ g = 1 0 k g

a) 9 kg 827 g   1 kg 333 g
   3 kg 484 g   5 kg 716 g
   2 kg 899 g   12 kg 925 g

b) 2 kg   5 g   964 g
   4 kg 51 g   7 kg 48 g
       143 g   20 kg 17 g

5 Berechne.

a) 1 kg 800 g +   500 g +   300 g
   3 kg 700 g +   900 g + 1 kg 500 g
   6 kg 300 g +   850 g + 4 kg 670 g

b) 5 kg 270 g + 3 kg 850 g +   255 g
   10 kg 520 g + 2 760 g + 3 kg 105 g
   8 760 g +   485 g + 1 kg 440 g

c) 4 kg 118 g + 1 kg 360 g + 2 kg 405 g
   16 kg 50 g + 8 795 g + 3 kg 670 g
   7 kg 304 g +   967 g +   3 458 g

Kilogramm und Gramm

1

a) Trage das Gewicht der Schultaschen der Kinder in eine Tabelle ein.
b) Wer hat die leichteste (die schwerste) Tasche? Vergleiche.
c) Wer hat in eurer Klasse die leichteste (die schwerste) Tasche?
d) Würde deine eigene Tasche durch den Schultaschen-TÜV kommen?

| 1 kg = 1000 g |
| ½ kg = 500 g |
| ¼ kg = 250 g |

	kg	g			
	1 kg	100 g	10 g	1 g	
Bastian	4	3	0	0	4 300 g

2

a) Berechne für Montag und Dienstag das Gewicht von Jans Schultasche. Muss er mehr als 3½ kg tragen?
b) Was könnte Jan in der Schule lassen? Was kann zu Hause bleiben?
c) Wiegt eure eigenen Schulsachen. Überlegt in der Klasse, wie ihr in Zukunft das Gewicht eurer Schultaschen verringern könnt. Wie viel Gewicht könnt ihr je Tasche einsparen?

Jans Stundenplan:		
	Montag	Dienstag
1	Deutsch	Mathe
2	Mathe	Deutsch
3	Mathe	Deutsch
4	HSU	Religion
5	HSU	Musik
6	Kunst	

83

Rauminhalte schätzen und vergleichen

1

a) Nehmt verschiedene Gefäße. Welches Gefäß fasst am meisten?
b) Ordnet die Gefäße der Reihe nach.

2 Mit Bechern könnt ihr die Inhalte von Gefäßen messen.
Schreibt die Ergebnisse in einer Tabelle auf. Schätzt zuerst.

	geschätzt	gemessen
Saftflasche	6 Becher	Becher

3 In der Küche werden Flüssigkeiten oft mit einem Messbecher abgemessen.
Er fasst genau einen Liter (l).
a) Wie viele Becher von Aufgabe 2 fasst ein Messbecher? Probiere.
b) Suche andere Gefäße, die genau einen Liter fassen.
c) Suche nach Literangaben: Auf Verpackungen, in Zeitschriften, …

„Rauminhalte kann man in Litern messen."

4 Was passt zusammen?

| 1 l | 2 l | 10 l | 180 l |

5

a) Jan möchte mit den beiden Eimern genau 2 Liter Wasser in die Wanne abfüllen. Wie kann er schütten?
b) Daniel möchte 4 Liter abfüllen.
c) Evi möchte 7 Liter abfüllen.

Liter und Milliliter

1

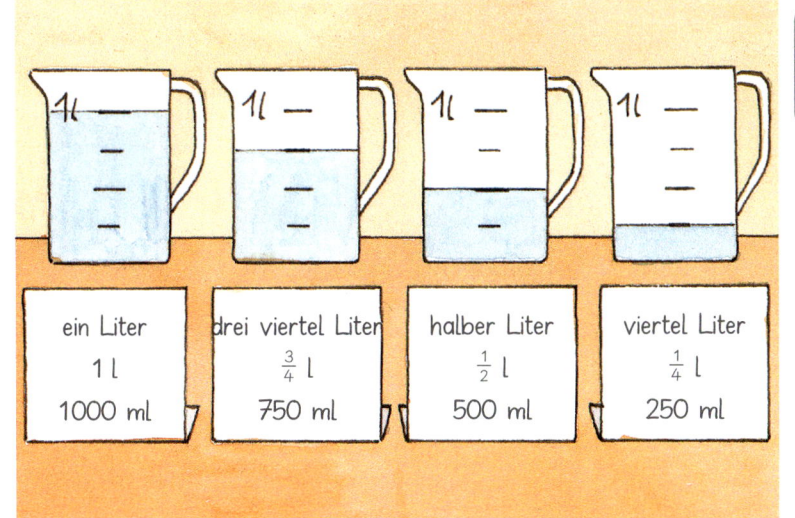

1 Liter = 1 000 Milliliter
1 l = 1 000 ml

1 l   100 ml   1 ml

a) Sammelt Gefäße mit Liter- und Milliliterangaben.
b) Welche Gefäße fassen genau $\frac{1}{2}$ l ($\frac{1}{4}$ l, $\frac{3}{4}$ l)?

2

Schätzt zuerst, wie viele Milliliter in verschiedene Gefäße (Tasse, Glas, Becher, ...) passen.
Messt dann.
Tragt in eine Tabelle ein.

	geschätzt	gemessen
Tasse	ml	ml
Glas		

3

Wie kannst du mit diesen Gefäßen
1 l (40 ml, 300 ml, 800 ml, 1 l 150 ml)
abmessen?
Finde verschiedene Möglichkeiten.

	4 ml	75 ml	200 ml	$\frac{1}{2}$ l
1 l	–	–	–	2
1 l				

4 ml

75 ml

200 ml

$\frac{1}{2}$ l

4

Ergänze zu einem Liter.

2 5 0 ml + ___ ml = 1 l

a) 250 ml, 125 ml, 50 ml
b) 600 ml, 400 ml, 430 ml
c) 150 ml, 950 ml, 675 ml
d) 555 ml, 333 ml, 111 ml
e) $\frac{1}{4}$ l, $\frac{1}{2}$ l, $\frac{3}{4}$ l

5

Ordne nach der Größe.

1. Becher Joghurt: ___ ml

Packung Milch
1 l

großer Eimer
10 l

Gießkanne
5 l

Becher Buttermilch
$\frac{1}{2}$ l

Becher Sahne
$\frac{1}{4}$ l

Badewanne
180 l

Becher Joghurt
150 ml

Trinkglas
200 ml

Mülltonne
80 l

Wohin mit dem Müll? Mit Tabellen und Diagrammen arbeiten

1 So viel Abfall produziert eine Person durchschnittlich im Jahr:

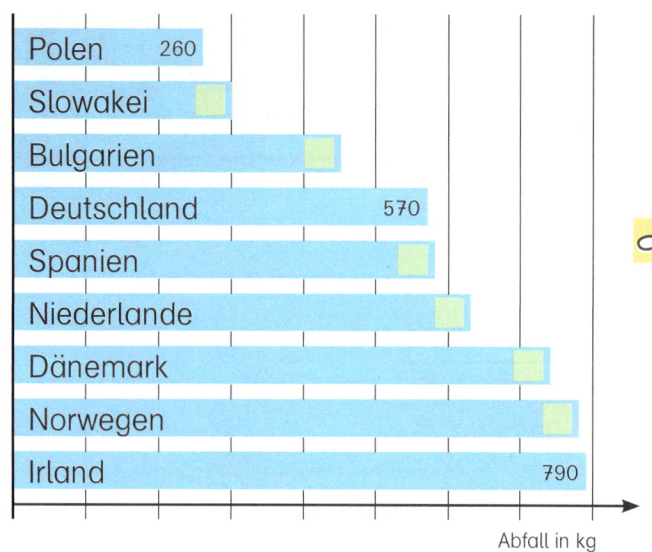

a) Wie viel Kilogramm Abfall entspricht ein Millimeter Streifenlänge?
b) Übertrage das Diagramm in dein Heft und vervollständige die Angaben.
c) Vergleiche die Abfallmenge für Deutschland mit den anderen Ländern.
d) Wie viel Müll produziert deine Familie im Jahr? Vergleiche mit dem Fassungsvermögen eines Müllfahrzeuges.

2
a) Hat Trax Recht? Überschlage.
b) Übertrage die Tabelle in dein Heft und ergänze sie bis 4 Wochen.
c) Ein Müllfahrzeug kann mit einer Fahrt den wöchentlichen Müll von rund 1 000 Personen abtransportieren. Stimmt das?

Eine Person in Deutschland produziert rund $1\frac{1}{2}$ kg Abfall am Tag.

Zeitraum	Abfallmenge
1 Tag	
2 Tage	

3
a) Was kann man aus dem Schaubild ablesen? Erkläre die einzelnen Werte.
b) Ein DIN A4-Schulheft wiegt ca. 100 g. Wie viele Hefte entsprechen der jährlichen Altpapiermenge einer Person?
c) Finde ähnliche Vergleiche für die anderen Müllarten.

Abfallarten in Deutschland*

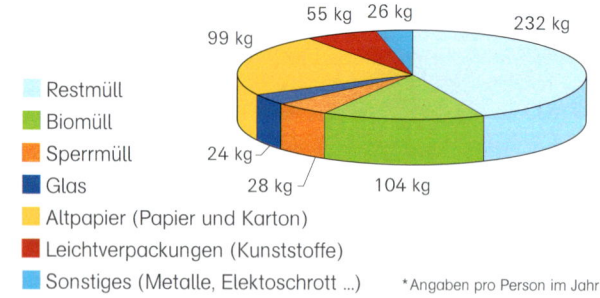

- Restmüll
- Biomüll
- Sperrmüll
- Glas
- Altpapier (Papier und Karton)
- Leichtverpackungen (Kunststoffe)
- Sonstiges (Metalle, Elektoschrott ...)

*Angaben pro Person im Jahr

4
a) Findet heraus, wie viel Abfall eure Klasse in einer Woche produziert. Wiegt dazu täglich am Ende des Unterrichts die Mülleimer. Denkt daran, dass auch die leeren Mülleimer etwas wiegen.
b) Bestimmt anhand dieser Abfallmenge, wie viel Abfall pro Monat, pro Jahr und in eurer gesamten Grundschulzeit ungefähr anfällt.

Wie könnt ihr den Abfall verringern?

Mit Tabellen arbeiten — Wasserverbrauch

So viel Wasser wird durchschnittlich verbraucht:

20 l
einmal Geschirr spülen

7 l
täglich für Waschen und
Zähne putzen (pro Person)

3 l
täglich für Trinken
und Kochen (pro Person)

50 l
einmal Wäsche waschen

1 Zeichne ein Balkendiagramm zu den Verbrauchsangaben. Verwende für 5 Liter ein Kästchen.

2 a) Wie viel Wasser verbrauchst du in einer Woche? Zeichne eine Tabelle und fülle sie aus.

	1 Woche
Waschen/Zähne putzen	
Trinken/Kochen	

Zu deinem Haushalt gehören alle Personen, die bei dir zu Hause wohnen.

b) Wie viel Wasser wird in eurem Haushalt an einem Tag (in einer Woche) verbraucht? Denke auch an die Wohnungsreinigung, Wäsche waschen …

	täglich	1 Woche
Waschen/Zähne putzen		

3 l
täglich für
Wohnungsreinigung

3 Findest du heraus, wie viel Wasser in deiner Schule am Tag und in der Woche verbraucht wird? Lege eine Tabelle an.

35 l
einmal duschen

9 l
einmal Toilette spülen

140 l
ein Wannenbad

Wiederholung – Über Lernen sprechen

560 → :7 → ☐ → :8 → ☐ → :2 → ☐ → ·4 → ☐ → ·3 → 60

1 In jedem Päckchen haben die Ergebnisse die gleiche Quersumme.

a) 2165 · 4   b) 427 · 7   d) 5164 : 4   d) 708 : 3   e) 42006 · 2
   1471 · 5   44627 · 2   7584 : 6   8936 : 4   30371 · 3
    808 · 8   18673 · 4   7962 : 6   685 : 5   81528 : 4
   2413 · 2   12773 · 5   19204 : 4   36680 : 7   5475 : 5

2 Hüpf im Päckchen.

a) 73440 m : 3   b) 19602,00 € : 3   c) 17,28 m · 4
   612 m : 3   30,25 € : 5   552,96 m · 3
   4896 m : 2   6534,00 € : 4   8294,40 m · 2
   24480 m : 5   181,50 € : 6   1658,88 m · 5
   2448 m : 4   1633,50 € : 9   69,12 m · 8

   ▲ 204 m   ▲ 6,05 €   ▲ 16588,80 m

3 Immer 3 Aufgaben haben das gleiche Ergebnis.

1904 : 4	2380 : 5	4676 · 6	18774 : 2	3808 : 8
13984 : 8	84168 : 3	15732 : 9	7014 · 4	1668 · 3
46935 : 5	35028 : 7	437 · 4	1341 · 7	15012 : 3

4 Die Gartenschule bekommt einen neuen Schulhof. Dazu wurden 7 Paletten Pflastersteine mit je 1370 kg, 6 Paletten Randsteine mit je 420 kg und 10 Sack Zement mit je 25 kg bei der Firma Baustoff-Scholl bestellt.

a) Wie schwer sind die bestellten Waren zusammen?
b) Wie viele Fahrten sind zur Lieferung nötig?
c) Was wird bei den einzelnen Fahrten mitgenommen? Plane die Fahrten und finde mehrere Möglichkeiten.

Baustoffe Scholl — Zul. Gesamtg.: 7490 kg — Leerg.: 3100 kg

Es gibt bei jeder Lieferung einen Fahrer und einen Beifahrer.

2 → ·11 → ☐ → ·4 → ☐ → −16 → ☐ → :8 → ☐ → ·6 → 54

Reflexion: Kinder sollen über ihren Lernstand sprechen.

Parallel und senkrecht – rechter Winkel

1

Der **Tempel** der MAGIE

Gerade? Parallel? Senkrecht? Untersuche!

Wie viele rechte Winkel kannst du mit deinem Körper bilden?

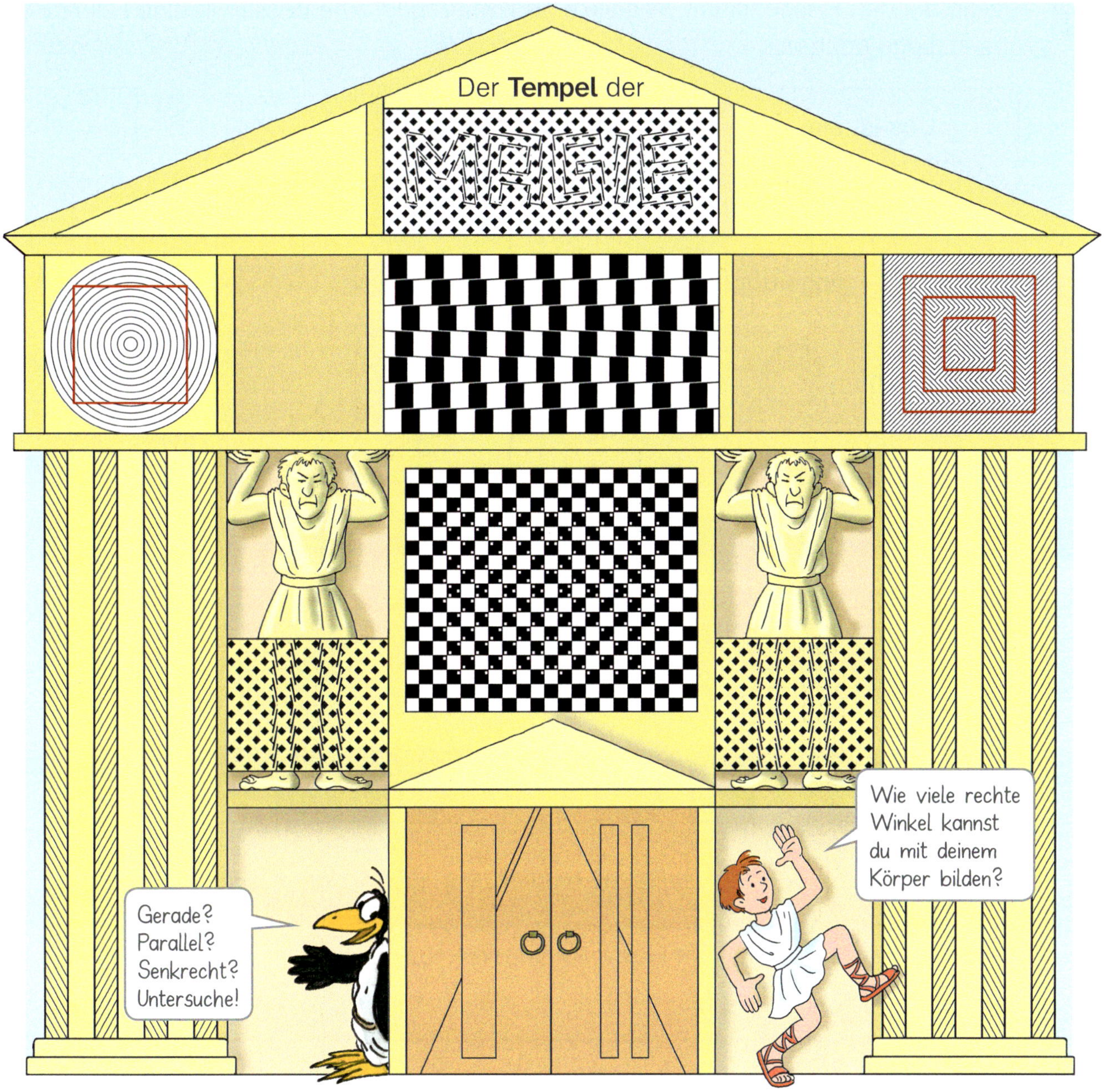

2

Zeichne selbst optische Täuschungen aus dem Tempel.

a) So kannst du die optische Täuschung mit dem Rechteck zeichnen:

b) Wähle eine weitere optische Täuschung aus dem Tempel und zeichne sie vergrößert.

89

Flächeninhalt

1 Bestimme den Flächeninhalt. Wie viele Zentimeterquadrate passen in eine Figur? Schätze zuerst. Lege dann aus.

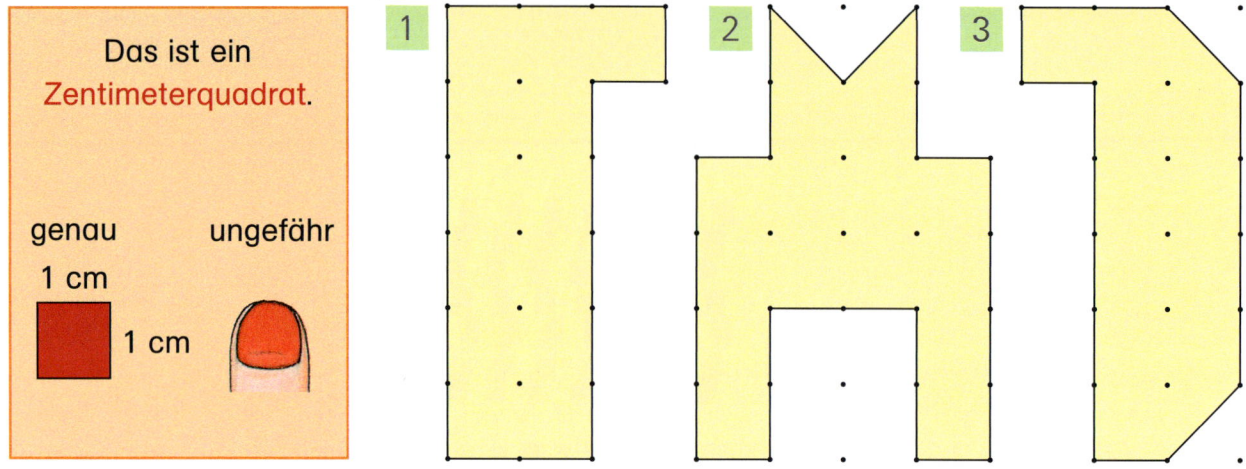

2 a) Franka hat ein Quadrat in 7 Teile zerschnitten. Zeichne die Teile ab und schneide sie aus.

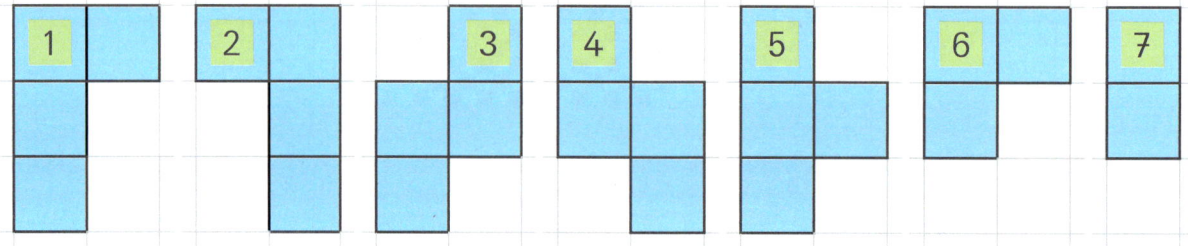

b) Setze Frankas Quadrat wieder zusammen. Wie groß ist der Flächeninhalt? Wie lang sind die Seiten?

c) Lege mit einigen Teilen ein kleineres Quadrat. Wie groß ist sein Flächeninhalt?

d) Lege Rechtecke mit einem Flächeninhalt von 6 (12, 15, 18 und 21) Zentimeterquadraten.

3 Wie groß sind die Flächeninhalte? Wie viel wird von 6 Zentimeterquadraten weggeschnitten?

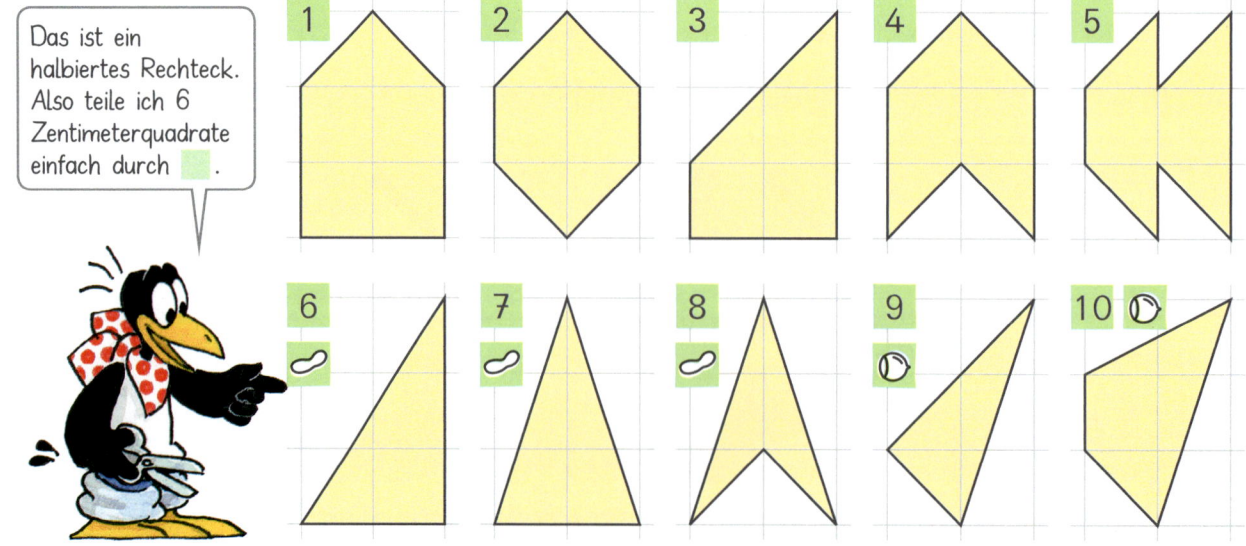

Das ist ein halbiertes Rechteck. Also teile ich 6 Zentimeterquadrate einfach durch ▢.

Flächeninhalt und Umfang

1

Die Länge des Randes ist der Umfang einer Figur.

a) Lege die Figuren mit Zündhölzern nach.
Wie viele Hölzer ist der Umfang der Figuren lang?
b) Das rote Quadrat ist ein Zündholzquadrat.
Wie viele Zündholzquadrate passen in die Figuren?
c) Lege verschiedene Figuren mit einem Umfang von 8, 10 und 12 Zündhölzern.

2

Lege Figuren mit einem Umfang von 12 Zündhölzern.

Meine Figur hat einen Flächeninhalt von ☐ Zündholzquadraten.

Christiane
Meine Figuren sind nur 5 Zündholzquadrate groß.

Nemet
Meine Figuren sind 6 Zündholzquadrate groß.

Tom
Ich suche weitere Figuren mit einem Flächeninhalt von 7 Zündholzquadraten.

Lena
Es gibt auch Figuren mit einem Flächeninhalt von 8 oder 9 Zündholzquadraten.

3

Marvin legt mit Zündhölzern lauter Rechtecke mit dem gleichen Umfang.
a) Lege Rechteck A.
Wie groß ist der Umfang?
b) Lege die Rechtecke B bis F.
Zeichne die Tabelle ab und trage ein.
 c) Vergleicht. Was fällt euch auf?

Rechteck	A	B	C	D	E	F
Länge	11		9		7	
Breite	1	2		4		6
Zentimeter-quadrate						

4

Zeichne Figuren auf Karopapier.
a) Zeichne 3 Figuren mit einem Umfang von je 10 cm. Wie viele Zentimeterquadrate sind deine Figuren groß?
b) Zeichne 3 Figuren, die eine Größe von je 10 Zentimeterquadraten haben. Wie groß ist ihr Umfang?

5

Zeichne ein 4 cm langes und 3 cm breites Rechteck. Zeichne dann ein Rechteck mit doppelt so langen und dann ein Rechteck mit nur halb so langen Seiten.
a) Vergleiche den Umfang der Rechtecke.
b) Vergleiche den Flächeninhalt der Rechtecke. Was fällt dir auf?

Kreise

1

2
a) Zeichne 4 Kreise mit einem Radius von 4 cm, 6,5 cm, 5 cm und 2 cm Länge.

b) Zeichne 4 Kreise. Dein Partner misst, wie lang ihr Durchmesser ist.

c) Zeichne 4 Kreise um denselben Mittelpunkt. Bestimme jeweils, wie lang der Durchmesser ist.

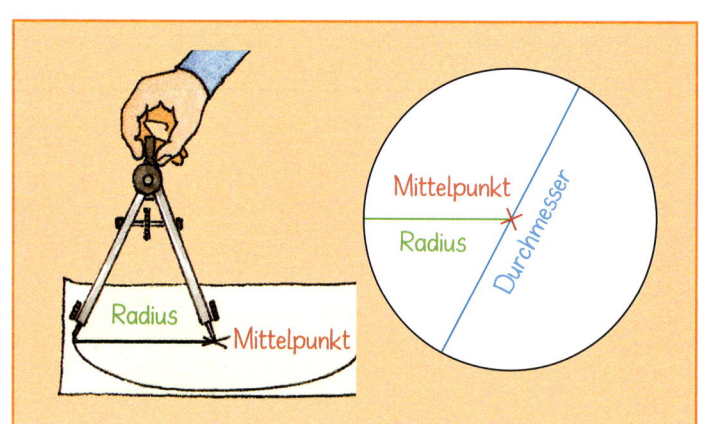

3 Zeichne mit dem Zirkel Muster aus Kreisen. Denke dir eigene Muster für dein Lerntagebuch aus.

a) 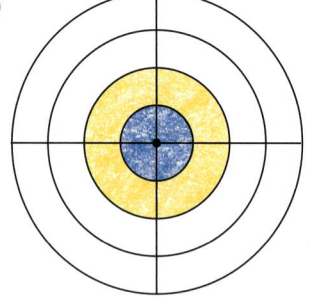 b) 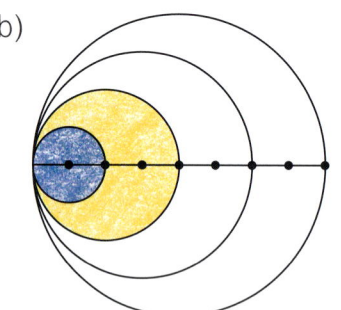 c)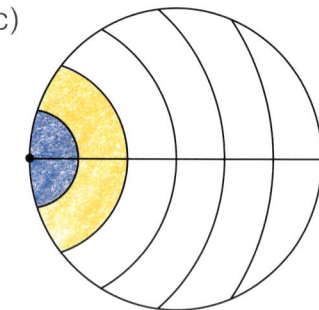

4 Zeichne ab. Bestimme jeweils den Radius.

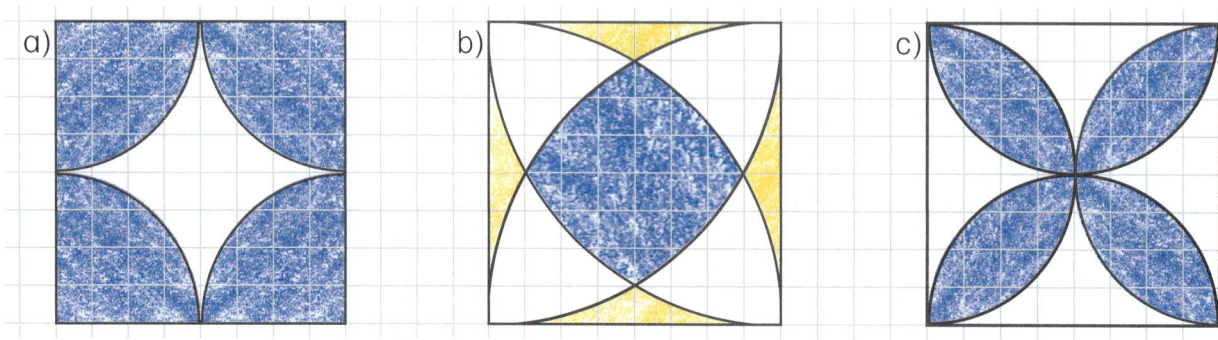

Mit Zirkel und Geodreieck zeichnen

1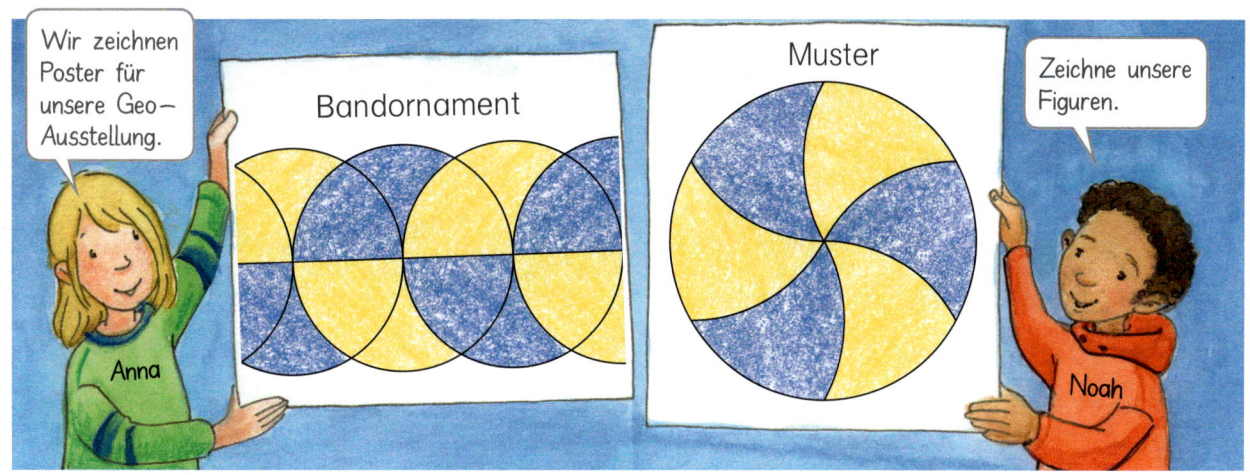

2 Zeichne und male aus. Welche Regelmäßigkeiten entdeckst du?
Erfinde auch eigene Bandornamente für dein Lerntagebuch.

a)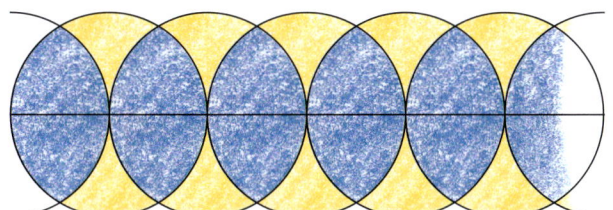

b)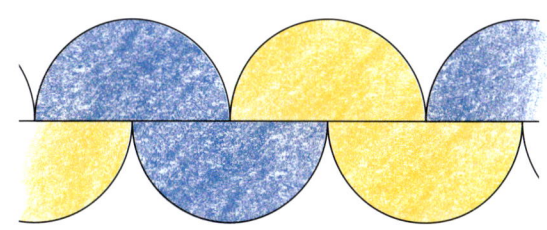

3 Zeichne und male aus. Erfinde auch eigene Muster.

a)

b)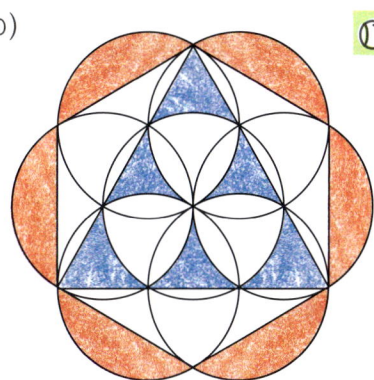

c)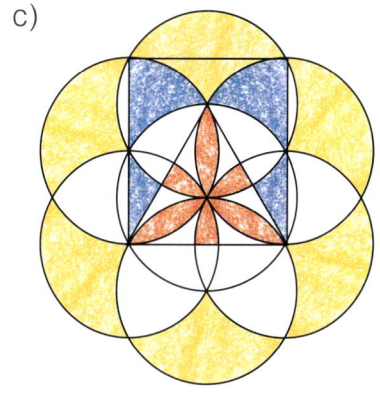

4 a) Zeichne Kreise freihändig.

 b) Probiere einen Trick:
 – Winkle den kleinen Finger an. Der 2. Knöchel ist „deine Zirkelspitze".
 – Setze „deine Zirkelspitze" in die Mitte eines Blattes.
 – Drehe das Blatt so unter deinem Knöchel, dass ein Kreis entsteht.

Mathematik in der Kunst — Optische Täuschung oder Realität?

M.C. Escher
Selbstporträt (1943)

Aha! Das ist der Trick von Escher.

Der niederländische Maler M.C. Escher hat 1958 das Bild „Belvedere" gezeichnet.

a) Betrachte das Bild und die Personen im Haus genau. Was fällt dir auf?
b) Lege einen Farbstift oder einen Bleistift so auf das Bild, wie Trax es dir zeigt.
   Nun siehst du 2 getrennte Bilder. Sind die Gebäudeteile jetzt realistisch?
c) Unten auf dem Bild siehst du einen jungen Mann. Was hält er in seinen Händen?
   Vergleiche den Gegenstand mit den Säulen im Untergeschoss.

1 „Belvedere" bedeutet „schöne Aussicht".

Optische Täuschung oder Realität? | **Mathematik in der Kunst**

1

Ausschnitt aus „Treppauf, treppab" (1960)

Ausschnitt aus „Wasserfall" (1961)

a) Betrachte die beiden Bilder von M.C. Escher genau. Beschreibe, wie die Menschen gehen und wie das Wasser fließt. Was fällt dir auf?

b) In „Wasserfall" gibt es 3 „unmögliche Dreiecke". Suche sie. Warum sind sie unmöglich?

c) Unten links siehst du ein „unmögliches Dreieck". Zeichne es mit dem Geodreieck.

d) Mit Punktepapier kannst du auch das „unmögliche Dreieck" mit den Würfeln zeichnen.

e) Das Bild auf der Briefmarke ist von Oscar Reutersvärd. Zeichne es auf Punktepapier.

95

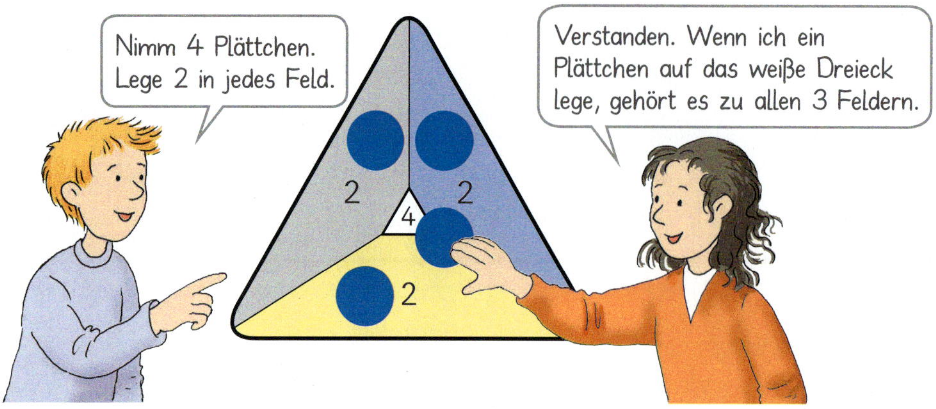

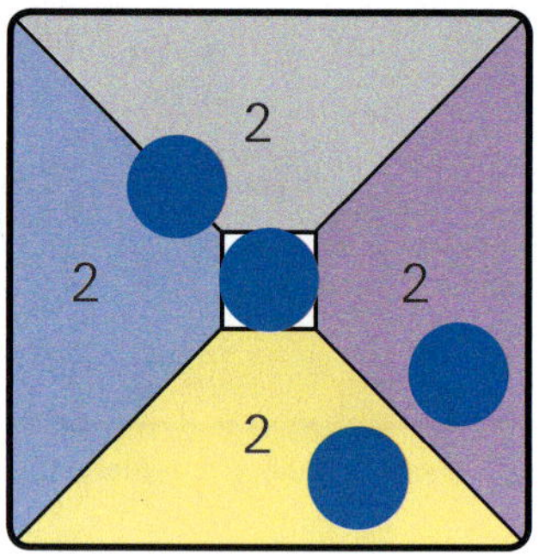

Plättchen-Puzzle — Kopftraining

"Nimm 4 Plättchen. Lege 2 in jedes Feld."

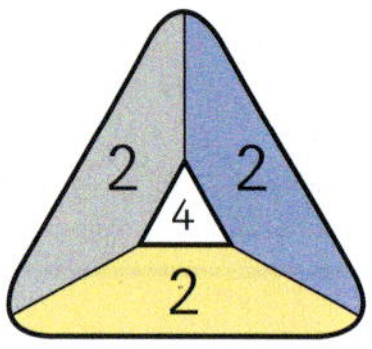

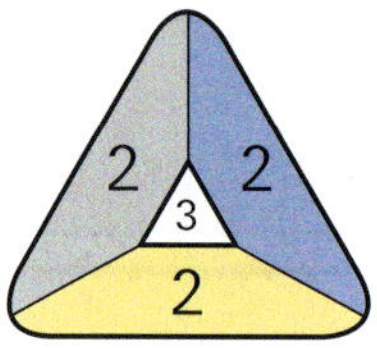

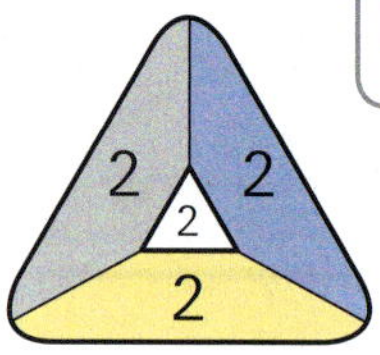

"Verstanden. Wenn ich ein Plättchen auf das weiße Dreieck lege, gehört es zu allen 3 Feldern."

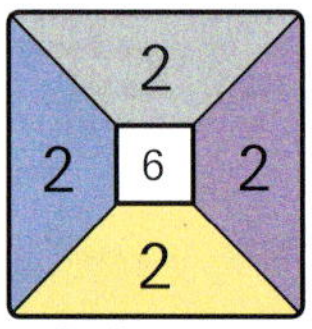

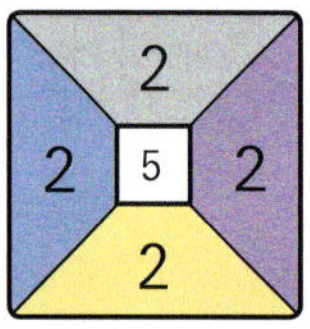

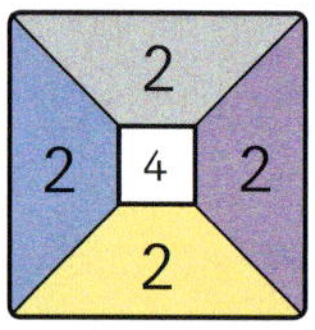

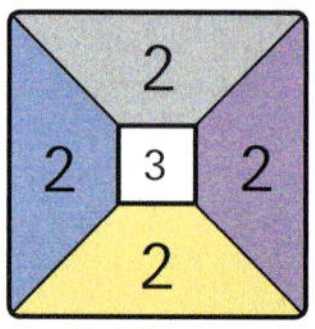

1 2 Plättchen in jedem Feld:

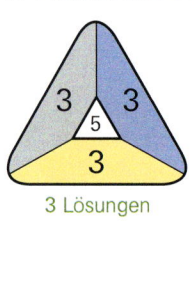
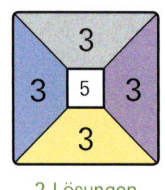
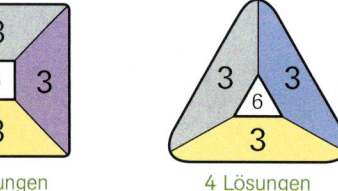
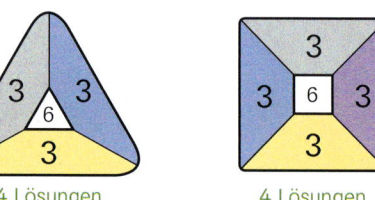
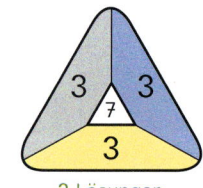

Findest du alle Lösungen?

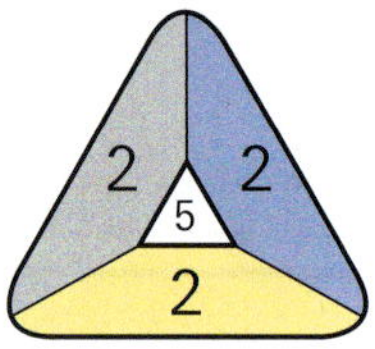

2 3 Plättchen in jedem Feld:

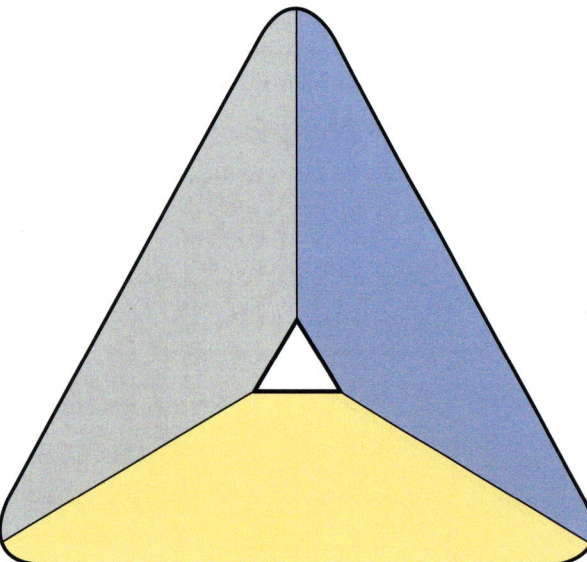

1, 2 Die im Zentrum angegebene Zahl von Plättchen so verteilen, dass in jedem Feld 2 (3) Plättchen liegen. Plättchen, die auf Grenzen oder in der Mitte liegen, gehören zu allen angrenzenden Feldern. Dies gilt auch für übereinander liegende Plättchen.

Kopftraining — Knobeln mit Zündhölzern

1 Wie viele Quadrate siehst du?

Entferne 8 Zündhölzer. Wie viele Quadrate bleiben übrig?

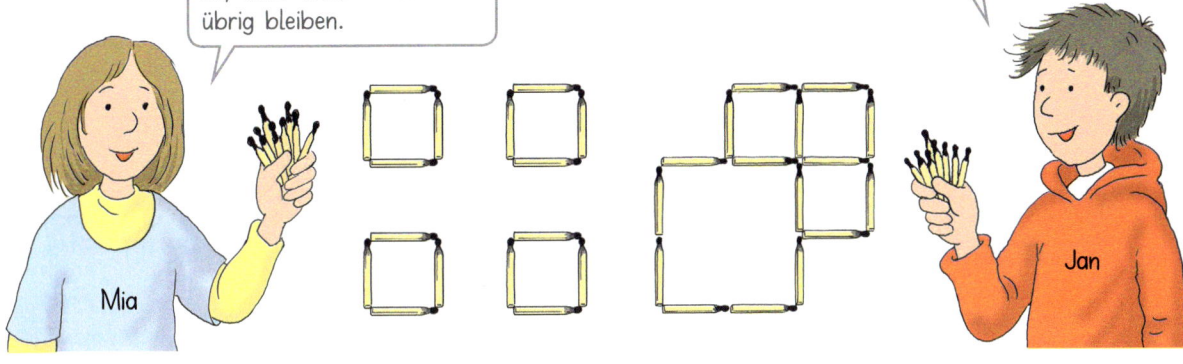

Mia: Ich entferne 8 Zündhölzer so, dass noch 4 Quadrate übrig bleiben.

Jan: Das schaffe ich auch. Ich suche aber noch andere Möglichkeiten mit 4 Quadraten.

Fiona: Wenn ich 8 Zündhölzer wegnehme, bleiben noch 5 Quadrate übrig.

Tibor: Bei mir bleiben nur noch 3 Quadrate übrig.

Jana: Bei mir sogar nur noch 2.

Emelie: Es geht auch, dass noch 6 Quadrate übrig bleiben.

2 Wie viele Dreiecke siehst du?

Entferne 3 Zündhölzer. Wie viele Dreiecke bleiben übrig?

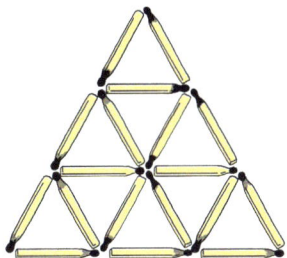

Ole: Ich entferne 3 Hölzchen so, dass noch 8 oder 9 Dreiecke übrig bleiben.

Annett: Bei mir bleiben noch 4 oder 5 Dreiecke übrig.

Maximilian: Bei mir bleiben noch 6 Dreiecke übrig. Dafür habe ich mehr als 6 Lösungen gefunden.

Amelie: Bei mir bleiben noch 7 Dreiecke übrig. Dafür habe ich mehr als 7 Lösungen gefunden.

Marc: Wie viele Dreiecke können übrig bleiben, wenn man nur 2 Hölzchen wegnimmt?

Pia: Oder wenn man 4 Hölzchen wegnimmt?

Jedes verbleibende Zündholz soll zu einem Quadrat (bzw. Dreieck) gehören. Unvollständige Quadrate (bzw. Dreiecke) sind also ausgeschlossen.

Fernsehen und Rundfunk   Diagramme lesen und zeichnen

1 Diese Fernsehsendungen werden von vielen Zuschauern im Regionalprogramm gesehen. 👤 steht für 1 000 Zuschauer. Vergleiche die Zuschauerzahlen.

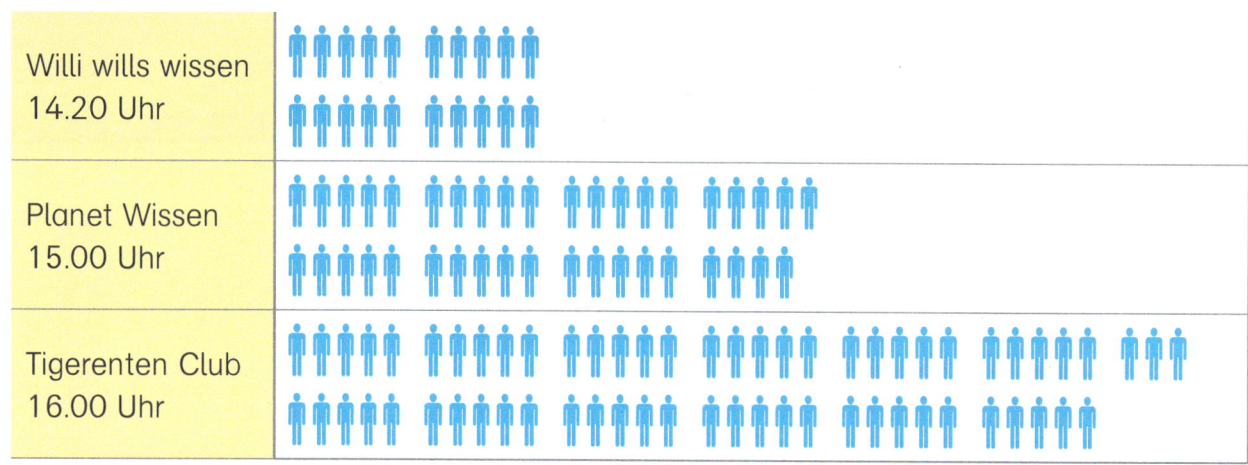

a) Das Balkendiagramm braucht weniger Platz. Für wie viele Zuschauer steht hier ein Kästchen? Übertrage und vervollständige.

b) Zeichne zu diesen Zuschauerzahlen ein Balkendiagramm. Überlege, für wie viele Zuschauer ein Kästchen stehen könnte, damit das Diagramm ins Heft passt.

Siebenstein	Sendung mit der Maus	Löwenzahn
420 000 Zuschauer	990 000 Zuschauer	850 000 Zuschauer

2 Das Diagramm zeigt, wie viele Minuten die Zuschauer durchschnittlich am Tag fernsehen.

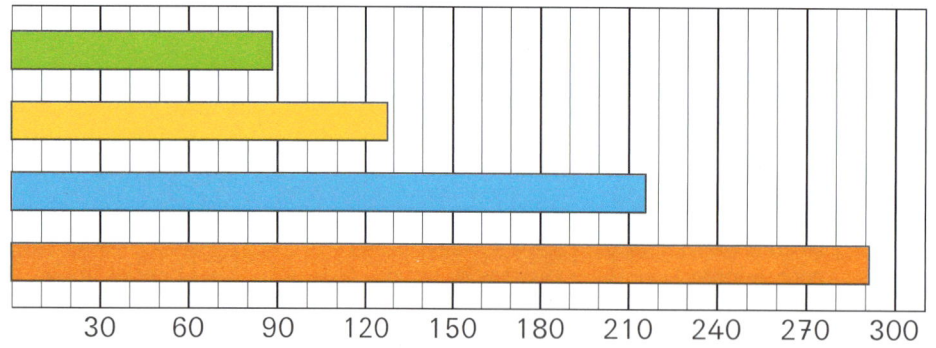

Quelle: Durchschnittliche Fernsehdauer pro Tag nach Altersgruppen in Deutschland im Jahr 2013 (AGF/GfK-Fernsehforschung, SWR, Mediendaten Südwest)

a) Lies die Daten so genau wie möglich aus dem Diagramm ab.

b) Vergleiche die längste mit der kürzesten Sehdauer.

c) Macht eine Umfrage in eurer Klasse. Wie lange schaut ihr täglich fern? Zeichnet dazu ein Diagramm.

Diagramme lesen und zeichnen — Fernsehen und Rundfunk

1 Die Rundfunkstationen möchten wissen, wie viele Hörer sie haben.

Ich präsentiere die beliebtesten Radiosender Bayerns.

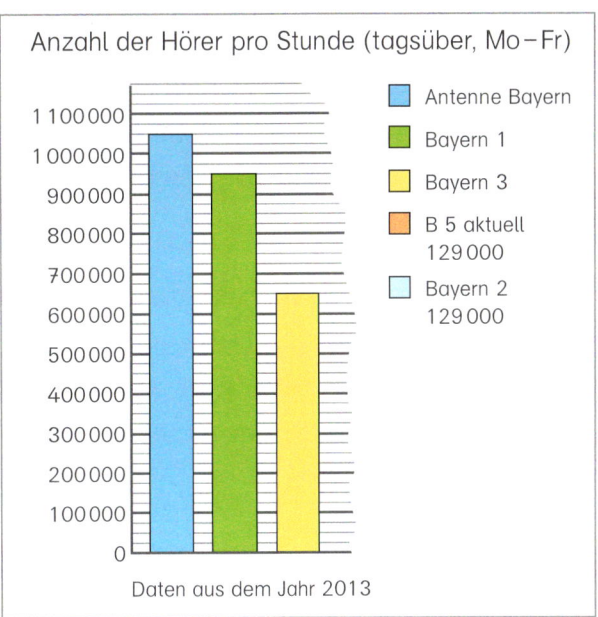

a) Wie viele Zuhörer haben die drei großen Sender ungefähr?
b) Übertrage das Diagramm in dein Heft und vervollständige es.
c) Der Regionalsender „Rock Antenne" hat im Schnitt 66 000 Zuhörer weniger als Bayern 2. Zeichne ein.

2 Die Fernseh- und Rundfunksender sammeln für ihre Nachrichtensendungen viele Daten der Wetterstationen. Hier siehst du zum Beispiel die Durchschnittstemperaturen in den einzelnen Monaten eines Jahres in München.

a) Welche Balkenlänge wurde für ein Grad Celsius gewählt?
b) Zeichne selbst ein Säulendiagramm zu den Tagestemperaturen einer Woche. Miss jeweils am gleichen Ort und zur gleichen Zeit.

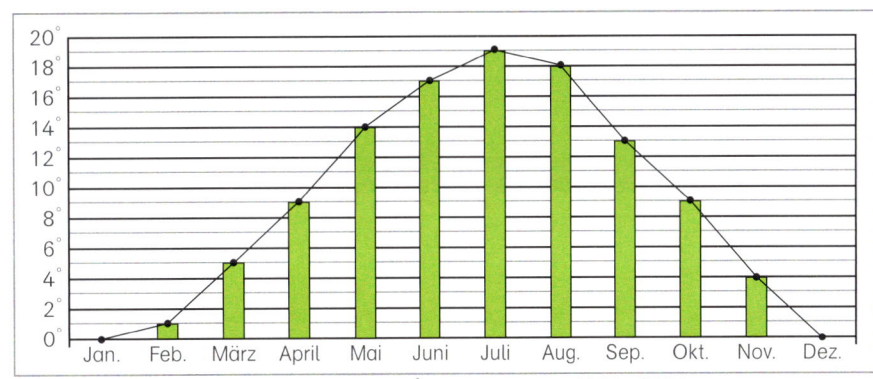

3 Die Nachttemperaturen einer Woche: In der wärmsten Nacht blieb die Temperatur bei 17°.

a) Wann war die wärmste (kühlste) Nacht? Wie hoch war die Temperatur?
b) Berechne den Unterschied beider Werte.
c) Wie hoch war die Temperatur in den anderen Nächten?
d) Erstellt selbst ein solches Diagramm. Notiert dazu aus dem Wetterbericht in der Zeitung eine Woche lang die Tiefsttemperaturen bei Nacht.

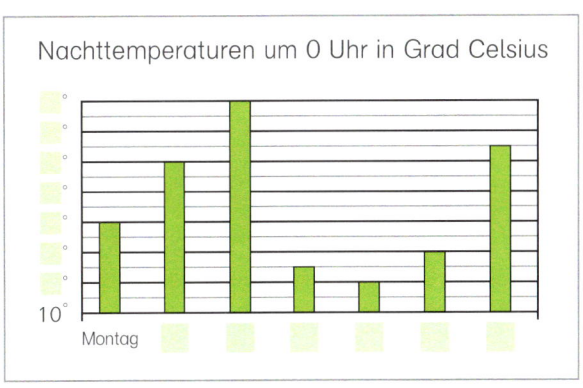

99

Daten sammeln und darstellen

1 Unsere beliebtesten Sportarten

Fußball	||||| ||||| ||||| ||||| |||||	Schwimmen	||||| ||||| ||||| |||
Inlineskaten	|||||		Tennis	||||| ||||| ||
Joggen	||||| |||	Tanzen	||||| |||||
Radfahren	||||| ||||	Tischtennis	||||| ||||| |||||
Reiten	||||	Turnen	||||| ||||| ||||| ||

a) Fritz macht eine Umfrage zu den beliebtesten Sportarten seiner Mitschüler.
Jeder darf bis zu 3 Sportarten nennen.
Übertrage die Daten aus der Strichliste in eine Tabelle und zeichne ein Balkendiagramm.

Sportart	Anzahl
Fußball	25
Schwimmen	18
Turnen	

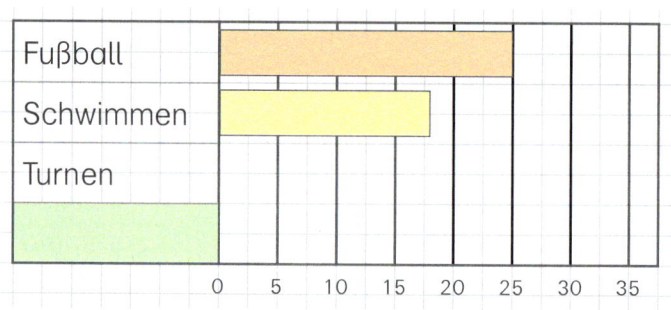

b) Macht eine Umfrage zu den beliebtesten Sportarten.
Befragt eure Klasse, alle 4. Klassen oder die ganze Schule und gestaltet ein Plakat dazu.

2 Die Klasse 4b möchte herausfinden, wie viele Kinder Mitglieder in Vereinen sind.

- Welche Vereine gibt es in unserem Ort?
- Ich bereite die Strichliste vor.
- Ich befrage die Klasse 1a.
- Und ich frage die 1b.
- So sammeln wir alle Daten.

a) Macht selbst eine solche Umfrage an eurer Schule.
b) Zeichnet zu euren Ergebnissen ein Diagramm.

Daten sammeln und darstellen

1 144 Kinder der Astrid-Lindgren-Grundschule besitzen ein Haustier. In einer Umfrage haben Schüler ermittelt, wie viele Kinder welches Haustier zu Hause haben.

a) Erkläre das Säulendiagramm.
b) Zeichne das Kreisdiagramm ab und beschrifte es.

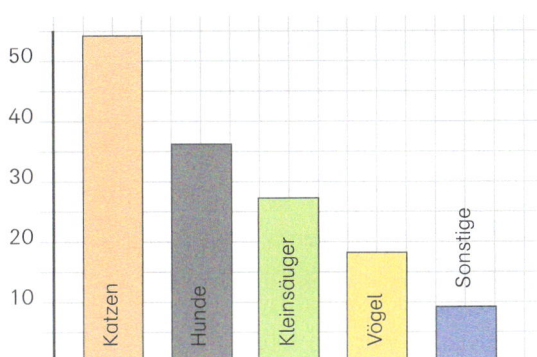
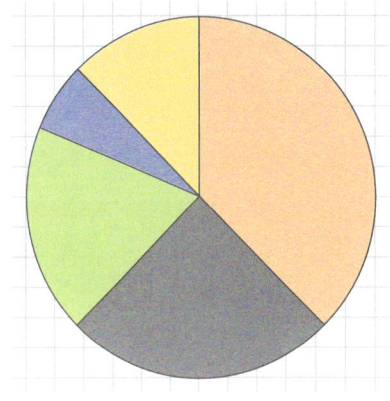

2

Die beliebtesten Haustiere im Frankenland

In Ober-, Mittel- und Unterfranken gibt es insgesamt etwa 1,5 Millionen Haustiere. Am beliebtesten sind Katzen und Hunde. Insgesamt leben in den Haushalten 610 000 Katzen und 370 000 Hunde. Die beliebteste Hunderasse ist der Schäferhund. 500 000 Menschen besitzen mindestens einen Hund und 450 000 mindestens eine Katze. 120 000 Tierliebhaber haben insgesamt 380 000 Kleinsäuger (Zwergkaninchen, Meerschweinchen, ...) zu Hause. 100 000 Menschen besitzen Wellensittiche, Kanarienvögel und andere Ziervögel, von denen es insgesamt 190 000 gibt. Daneben sind auch Tiere in Aquarien und Terrarien beliebte Haustiere.

Timo:

Katzen	610 000
Kleinsäuger	380 000
Hunde	370 000
Vögel	190 000

Mia:

Hunde	500 000
Katzen	450 000
Kleinsäuger	120 000
Vögel	100 000

a) Finde zu den Tabellen von Timo und Mia passende Überschriften.
b) Ordnet den Tabellen je 2 passende Diagramme zu. Vergleicht Tabellen, Balken-, Säulen- und Kreisdiagramme und beschreibt Vor- und Nachteile.

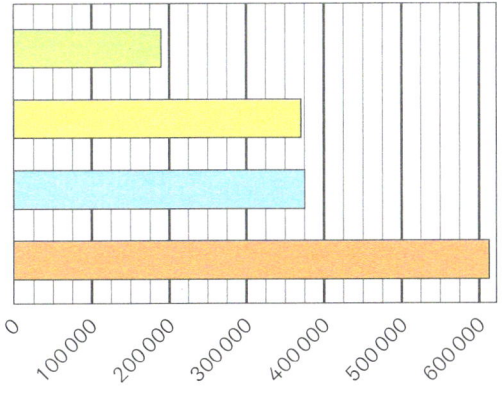
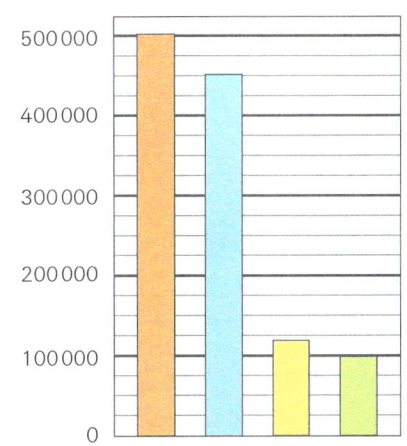
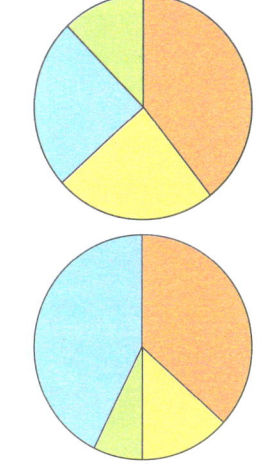

Schriftlich multiplizieren mit Zehner und Hundertern

2 Wie rechnest du?

a) 519 · 20   12
   872 · 30   15
   436 · 40   16
   618 · 50   12
   756 · 60   18

b) 380 · 10   11
   708 · 30   9
   970 · 50   17
   506 · 70   14
   880 · 90   18

c) 1 649 · 60   30
   8 476 · 80   29
   4 509 · 90   18
   7 085 · 70   32
   9 007 · 90   18

d) 23 555 · 40   17
   30 978 · 30   27
   50 086 · 30   21
   39 088 · 50   23
   27 909 · 70   27

3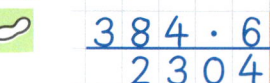

a)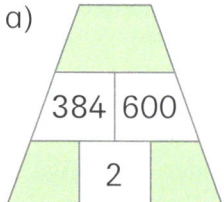

b)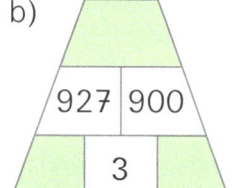

c)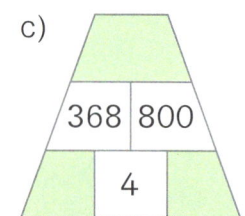

d)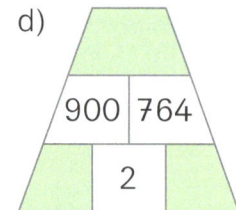

e)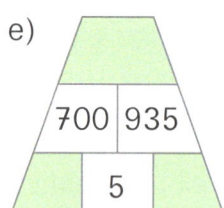

f)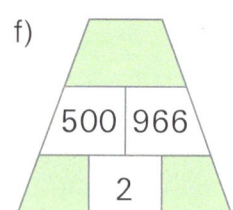

g)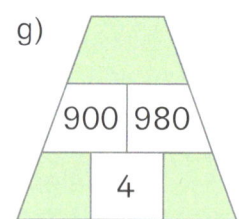

4 Finde Rechenfehler. Bei einigen Aufgaben reicht der Überschlag.

859 · 300   1296 · 60   706 · 400   3596 · 50
 25 770   77 860   282 400   17 980

547 · 200   9732 · 60   435 · 300   2804 · 70
 18 400   583 920   13 500   196 380

Schriftlich multiplizieren mit zweistelligen Zahlen

1

2 Rechne wie Mia oder Pia.

a) 92 · 13   17
   74 · 25   14
   83 · 32   19
   68 · 47   19
   96 · 78   27

b) 835 · 17   20
   306 · 55   18
   572 · 38   19
   706 · 74   17
   872 · 93   24

c) 1 682 · 43   20
   4 092 · 94   33
   7 163 · 68   31
   9 607 · 76   16
   8 987 · 93   33

d) 18 454 · 48   39
   27 533 · 57   33
   46 308 · 23   24
   51 076 · 26   35
   32 809 · 39   30

3

a)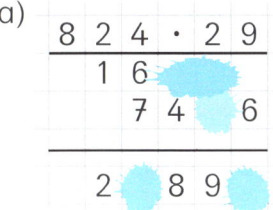

b) 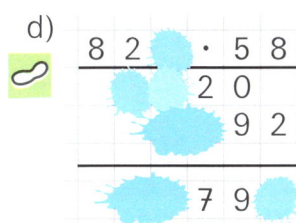   c)

Erfinde eigene Klecksaufgaben, die dein Partner lösen kann.

d) 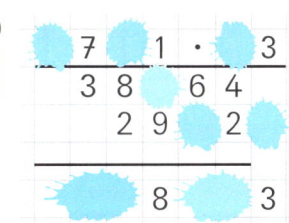   e)    f)

4 Finde Rechenfehler. Bei einigen Aufgaben reicht der Überschlag.

So stimmt es. Beim Addieren wurde der Übertrag übersehen.

5 243 · 32	2 423 · 26	6 250 · 54
167 676	42 998	337 500

9 703 · 38	2 746 · 43	4 846 · 12
268 614	11 878	58 152

103

Multiplizieren wie im alten Ägypten

1

a) Lege eine Tabelle mit 2 Spalten an.

b) Schreibe oben in die linke Spalte eine **1** und verdopple so oft, bis die Zahl **größer als 13** ist.

c) Schreibe oben in die 2. Spalte die Zahl **12** und verdopple mehrfach.

d) Suche nun aus der linken Spalte die Zahlen heraus, deren **Summe 13** ergibt. Markiere die **dazugehörigen Zeilen**.

e) Addiere nun die markierten Zahlen der rechten Spalte und du hast das Ergebnis.

So multiplizierten die Menschen in Ägypten. Kannst du erklären, wie das Verfahren funktioniert?

2 Rechne die Aufgaben wie die alten Ägypter.

| a) 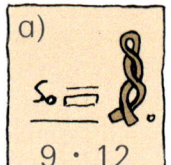 9 · 12 | b) 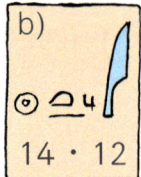 14 · 12 | c) 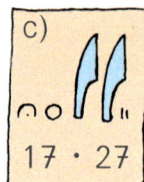 17 · 27 | d) 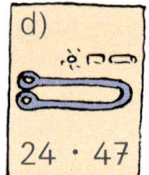 24 · 47 | e)  27 · 86 | f) 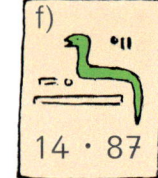 14 · 87 |
| g) 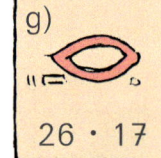 26 · 17 | h) 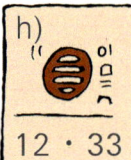 12 · 33 | i) 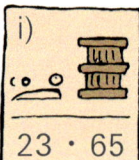 23 · 65 | j) 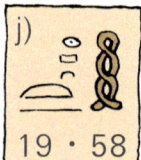 19 · 58 | k) 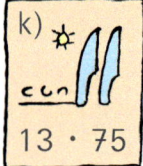 13 · 75 | l)  22 · 15 |

3

Es war einmal ein Beduine, der hatte 3 Söhne. Jedem Sohn schenkte er 7 Zelte. In jedem Zelt standen 4 Truhen und in jeder Truhe gab es 5 Kästchen und in jedem Kästchen lagen 6 Goldmünzen.

a) Wie viele Goldmünzen vererbt der Beduine?

b) Wie viel Geld muss er mehr haben, wenn es doppelt so viele Söhne sind?

c) Wie viel Geld muss er mehr haben, wenn es doppelt so viele Truhen sind?

Eine Skizze hilft dir.

Multiplizieren wie im Mittelalter

1

3E · 6E ergibt 18E, also 1Z und 8E.
7Z · 6E ergibt 42Z, also 4H und 2Z.

Nun müssen wir nur noch die beiden Zehner im schrägen Streifen addieren.

73 · 6 = 438

Kannst du erklären, wie das Verfahren funktioniert?
Rechne wie im Mittelalter.

a) 82 · 6 15
   47 · 3   6
   62 · 7 11

b) 66 · 4 12
   76 · 9 18
   93 · 8 15

c) 85 · 8 14
   27 · 4   9
   70 · 8 11

d) 947 · 4 26
   315 · 6 18
   607 · 8 23

2

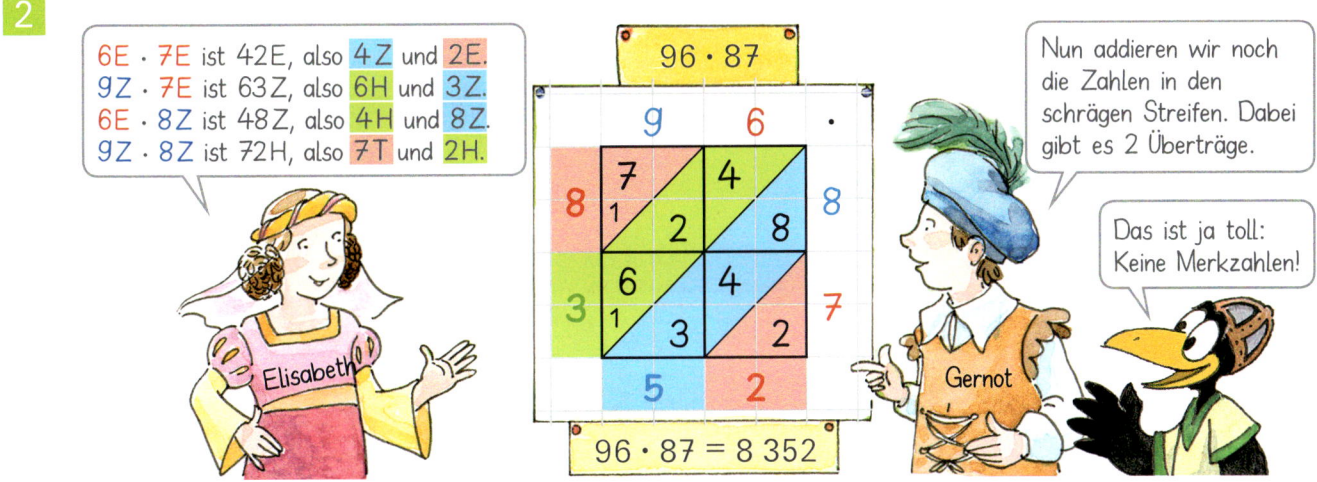

6E · 7E ist 42E, also 4Z und 2E.
9Z · 7E ist 63Z, also 6H und 3Z.
6E · 8Z ist 48Z, also 4H und 8Z.
9Z · 8Z ist 72H, also 7T und 2H.

Nun addieren wir noch die Zahlen in den schrägen Streifen. Dabei gibt es 2 Überträge.

Das ist ja toll: Keine Merkzahlen!

96 · 87 = 8 352

a) 82 · 96 24
   47 · 63 18
   62 · 87 21

b) 56 · 79 14
   93 · 47 15
   77 · 66 15

c) 70 · 93 12
   86 · 60 12
   80 · 70 11

d) 93 · 71 15
   27 · 23   9
   82 · 42 15

3

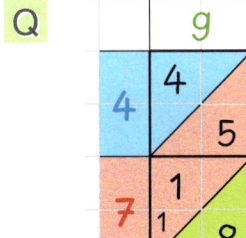

a) 904 · 52 19
   384 · 57 27
   874 · 63 18

b) 296 · 58 23
   978 · 62 21
   666 · 74 27

c) 137 · 32 19
   623 · 21 15
   431 · 42 12

d) 470 · 74 22
   203 · 97 26
   960 · 80 21

e) 808 · 55 16
   505 · 88 16
   858 · 50 15

f) 456 · 258 27
   246 · 975 27
   708 · 350 21

Gleichungen lösen mit Operatorketten

1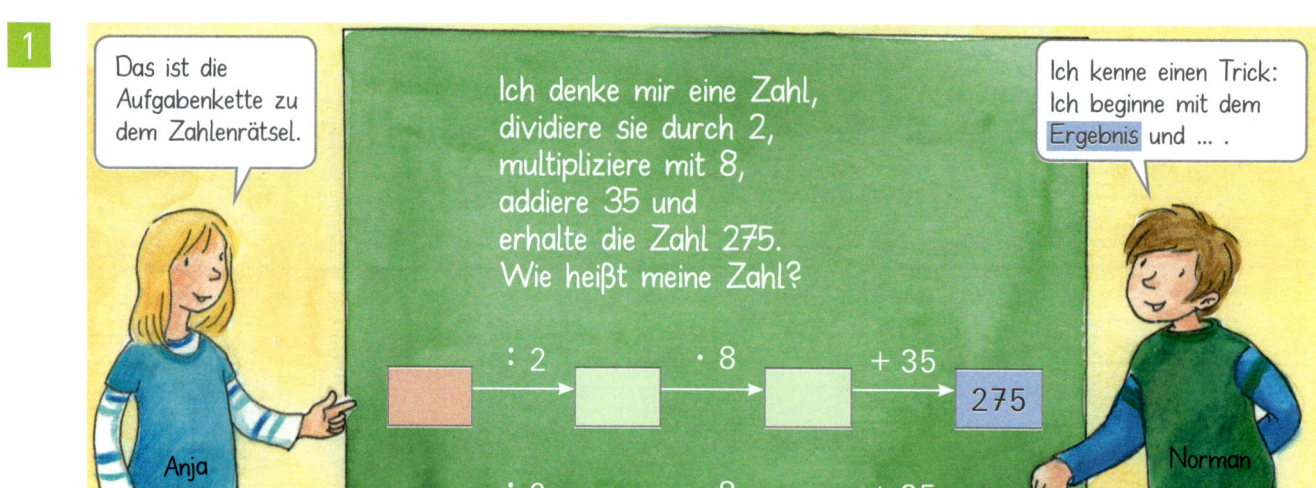

2 Wie heißen die gedachten Zahlen?

a) Ich denke mir eine Zahl, multipliziere sie mit 4, addiere 35, subtrahiere 115 und erhalte die Zahl 20.

b) Ich denke mir eine Zahl, subtrahiere 555, addiere das Vierfache von 111, dividiere durch 8 und erhalte die Zahl 111.

c) Wenn ich den 4. Teil einer Zahl zweimal verdopple, 50 subtrahiere und 48 addiere, erhalte ich die Zahl 998.

d) Erfinde eigene Zahlenrätsel.

3 Schreibe zu jeder Aufgabenkette ein Zahlenrätsel und löse.

a)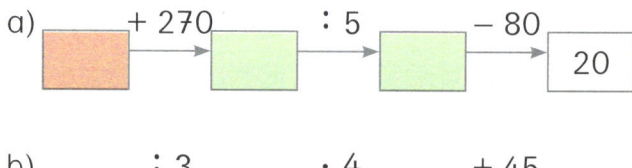

b)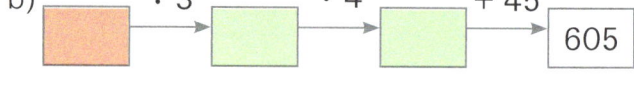

c)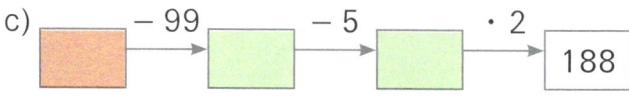

d)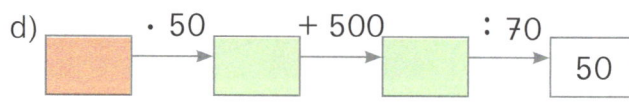

4  Mein Rätsel ist anders. Wie löst du es?

a) Ich denke mir 2 dreistellige Zahlen. Bei jeder Zahl sind die Hunderter und Zehner gleich. Die Einer sind doppelt so groß. Die Summe beider Zahlen ist kleiner als 666. Welche Zahlen könnten es sein?

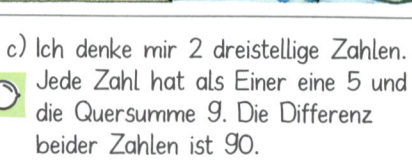 Ich schreibe zuerst Zahlen auf.

 Hier gibt es immer mehrere Lösungen.

b) Ich denke mir 2 dreistellige Zahlen. Jede Zahl hat als Hunderter eine 4 und die Quersumme 7. Die Summe beider Zahlen ist größer als 825.

c) Ich denke mir 2 dreistellige Zahlen. Jede Zahl hat als Einer eine 5 und die Quersumme 9. Die Differenz beider Zahlen ist 90.

106

Reiskörner auf dem Schachbrett

1 Das Schachspiel wurde in Indien erfunden. Dazu gibt es folgende Geschichte:

Ein indischer König war vom Schachspiel so begeistert, dass er den Erfinder zu sich rief und sprach: „Kluger Mann, womit kann ich dich belohnen? Du hast einen Wunsch frei."
Der Mann dachte eine Weile nach. Dann nahm er ein Schachbrett und sagte: „Belohne mich mit Reiskörnern. Gib mir für das erste Feld ein einziges Korn, für das zweite doppelt so viel wie für das erste, also zwei. Für das dritte Feld möchte ich doppelt so viel wie für das zweite und so fort bis zum 64. Feld."

a) Ob der König diesen Wunsch erfüllen konnte? Was denkst du?
b) Schätze: Auf welchem Feld werden etwa 1000 (10000, 100000) Reiskörner liegen?
c) Rechne genau aus, wie viele Körner auf den ersten 20 Feldern liegen.

Feld	1	2	3	4	5
Körnerzahl	1	2	4	8	

Wie viele Körner sind es auf diesen 20 Feldern insgesamt?
d) Vergleiche die Gesamtzahl der Körner auf den Feldern 1 bis 19 mit der Körnerzahl auf Feld 20. Welche Zahl wird größer sein? Schätze zuerst, rechne dann.

2
a) Wie lang ist ungefähr ein Reiskorn? Wie lang wird etwa die Strecke, wenn die Reiskörner vom 20. Feld hintereinander gelegt werden?
 b) Finde heraus, wie schwer ungefähr 100 Reiskörner sind. Wie schwer sind dann etwa die Körner auf dem 20. Feld?

3
a) Uwe nimmt statt der Reiskörner 2 mm hohe 10-Cent-Stücke und baut Türme. Wie hoch wird jeweils der Turm auf den Feldern 1 bis 16?
b) Ein 10-Cent-Stück ist ungefähr 4 g schwer. Wie schwer wird ein Beutel mit 10-Cent-Stücken auf dem 10. (15., 20.) Feld?

Mit Texten knobeln — Kopftraining

1 Von den 3 Schülerinnen Lena, Pia und Ronja aus der Klasse 4b weiß man:
- Sie wohnen in der Bahnhofstraße, Rathausgasse und in der Panoramastraße.
- Sie haben 3 verschiedene Hobbys: Inliner fahren, Karten spielen und schwimmen.
- Sie haben 3 verschiedene Lieblingsfächer: Sport, Kunst und Mathe.
- Lena macht Mathe nicht so gern. Sport auch nicht, obwohl sie gerne Inliner fährt.
- Pia und Lena wohnen nicht in der Rathausgasse.
- 2 Schülerinnen entdecken: Mit ein paar Buchstaben unserer Hobbys können wir jeweils unsere Namen schreiben.
- Die Schülerin mit dem Lieblingsfach Sport wohnt in der Bahnhofstraße.
- In der Panoramastraße kann man prima Inliner fahren.

Wo wohnen die Schülerinnen und welche Lieblingsfächer und Hobbys haben sie? Zeichne die Tabelle ab und fülle sie aus.

	Straße	Lieblingsfach	Hobby
Lena			Inliner fahren
Pia			
Ronja			

2 Im Hamburger Hafen liegen 4 Schiffe nebeneinander. Jedes hat eine besondere Ladung und ein eigenes Ziel. Auf jedem Schiff arbeiten unterschiedlich viele Matrosen.

Schiffsname				
Zahl der Matrosen				
Fracht				
Ziel				

- Das Passagierschiff liegt zwischen dem Schiff mit den 14 Matrosen und dem Schiff, das Holz geladen hat.
- Das Schiff an Pier 2 trägt den Namen „Santa Maria".
- 14 Matrosen arbeiten auf der „Santa Maria". 40-mal so viele heuern auf der „Aida" an.
- Das Schiff, das nach Dover fährt, transportiert Maschinen.
- 8 Matrosen verladen Saatgut für Kapstadt.
- Auf dem Schiff an Pier 1 arbeiten 6 Matrosen weniger als auf dem Nachbarschiff.
- „Aida" ist der Name des Passagierschiffs.
- Auf der „Seastar" arbeiten 13 Matrosen mehr als auf dem Schiff an Pier 2.
- Das Passagierschiff geht auf Kreuzfahrt ins Mittelmeer.
- Ein Schiff fährt nach Amsterdam. Es ist nicht die „Seemöwe".

Wohin fährt die Seemöwe und wohin wird das Holz transportiert?
Mein Tipp: Lies die Sätze mehrmals.

Kopftraining — Mit Zahlen experimentieren

109

Bayerischer Wald — Informationen verarbeiten

Der **Bayerische Wald** ist ungefähr 120 km lang und durchschnittlich 35 km breit.

Im Bayerischen Wald gibt es 7 000 km **Radwege**, von denen 1 700 km als Fernradwege ausgewiesen sind.

Übernachtungsmöglichkeiten im Landkreis Cham im Jahr 2013

	Betten
Hotels	7 495
Gasthöfe	1 582
Pensionen	1 722
Feriendörfer	2 675
Ferienwohnungen	3 996
Bauernhof-FeWo	1 233
Bauernhof-Ü/F	291
gesamt:	18 994
davon gewerblich	14 928

Der **Fernwanderweg** Gunthersteig führt in 4 Streckenabschnitten von Niederaltaich nach Dobra Voda (Gutwasser). Er hat eine Gesamtlänge von 88 km. Die Streckenabschnitte 3 und 4 sind 21 und 27 km lang.

1 Welche Informationen kannst du aus den Aufgaben oben entnehmen? Beschreibe sie deinem Partner.

2 Wie lange müsste man ununterbrochen Rad fahren, wenn man 20 km in einer Stunde schafft und alle Fernradwege des Bayerischen Waldes abfahren möchte?

3 Wie groß ist der Höhenunterschied zwischen dem Großen Arber und dem höchsten Berg Deutschlands ungefähr?

4 Wie viele Gästebetten gab es im Jahr 2013 im Landkreis Cham in Hotels, Gasthöfen und Pensionen zusammen?

Mit den **Bergbahnen** am Großen Arber können in einer Stunde 6 900 Personen befördert werden.

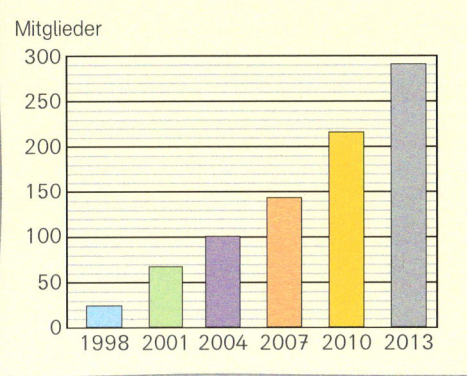

Der Verein Pro-Nationalpark Freyung-Grafenau e.V. bietet unter anderem einen Service, über den Führungen gebucht werden können. Er hat in den letzten Jahren viele neue Mitglieder gewinnen können.

Im Bayerischen Wald sind über 2 000 km **Loipen** für die Skilangläufer gespurt. So lang sind die Routen in diesen Orten:

Bodenmais	224 km
Bayerisch-Eisenstein	200 km
Zwiesel	65 km
Sankt Englmar	102 km
Mauth-Finsterau	107 km
Deggendorf-Rusel-Bischofsmais	87 km
Neureichenau	195 km

Kosten für Schulklassen im **Wildniscamp** im Nationalpark Bayerischer Wald

Übernachtung	7 €
Verpflegung bis 4. Klasse	16 €
5.–8. Klasse	19 €
ab 9. Klasse	21 €

(alle Preise pro Person)

An den **Führungen im Nationalpark** nahmen in den Jahren 2009 und 2011 so viele Interessenten teil:

	2009	2011
Führungen	717	1094
Teilnehmer	6640	7791

5 Der zweite Streckenabschnitt des Fernwanderwegs Gunthersteig ist um 3 km kürzer als der erste. Wie lang sind die Streckenabschnitte 1 und 2?

6 Berechne die die Kosten für eine Woche im Wildniscamp für deine Klasse.

7 Wie haben sich die Teilnehmerzahlen bei den Führungen zwischen 2009 und 2011 verändert?

8 Stelle deinem Partner Fragen zu den Informationen auf diesen beiden Seiten.

Im Internet steht noch mehr!

111

Achsensymmetrie

1

Falte quadratische Blätter wie die Kinder. Zeichne auf jedes gefaltete Blatt die gleiche Figur. Schneide sie aus. Welches Muster ergibt sich nach dem Entfalten?

Kannst du es auch nur im Kopf?

2 Leoni hat 6 weitere Figuren gezeichnet. Welche Figur passt zu welchem Muster? Begründe.

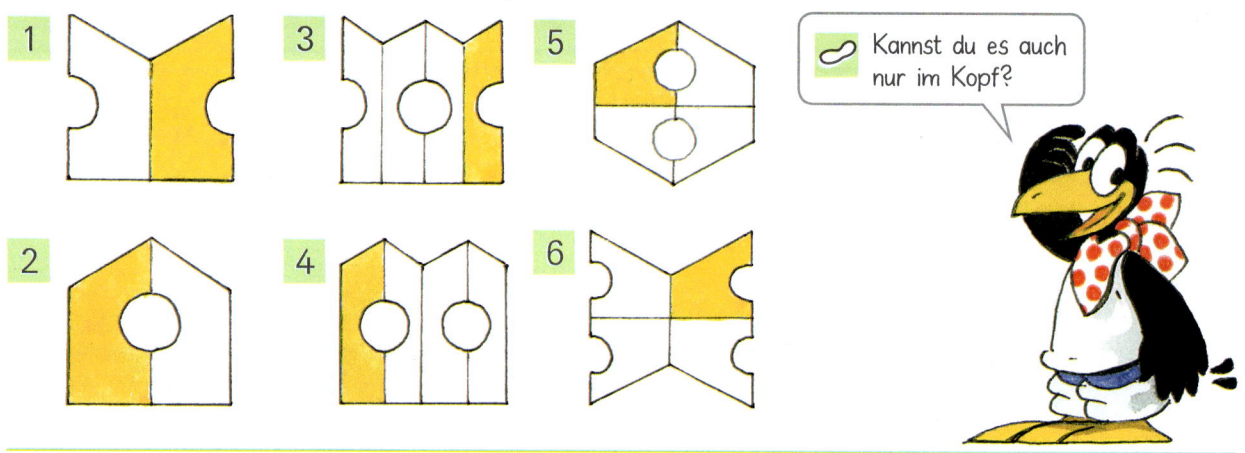

3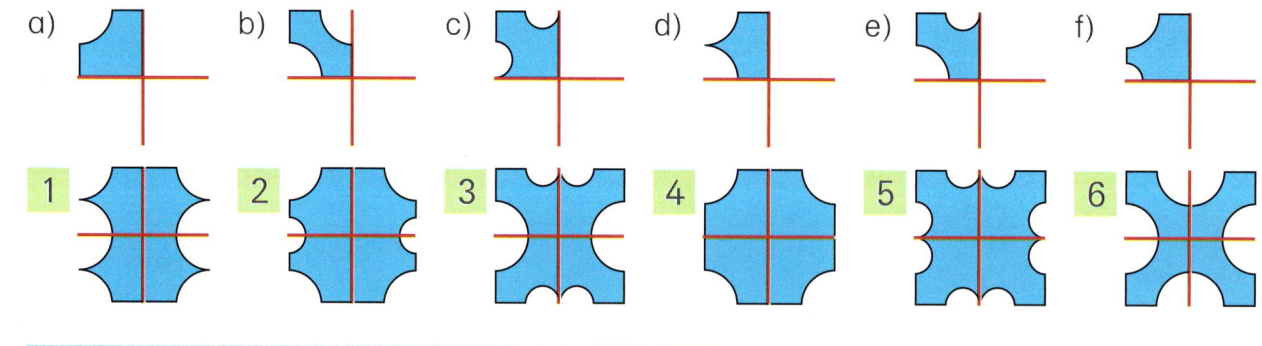

a) Spiegle wie Paula an der roten Spiegelachse.
b) Spiegle wie Paul an der blauen Spiegelachse.
c) Spiegle wie Leon zuerst an der roten und dann die gesamte Figur an der blauen Achse.
d) Spiegle wie Leoni zuerst an der roten und dann die gesamte Figur an der grünen Achse.

Ein Würfel zum Aufblasen

1

"Ich falte die roten Ecken zu den gegenüberliegenden roten Ecken."

Falte ein quadratisches Blatt 2-mal. Öffne es jeweils wieder.

2

Falte das Quadrat wie in der Abbildung zum Dreieck.

3

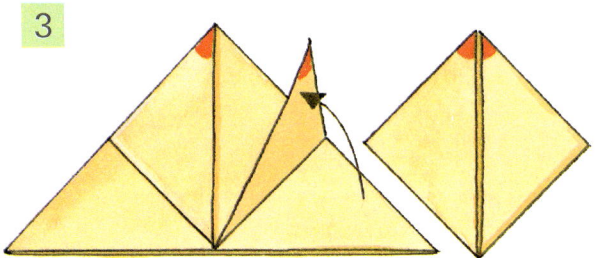

Falte 2 **rote Ecken** nach oben. Wende das Blatt und falte die anderen roten Ecken ebenso.

4

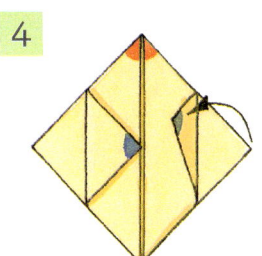

Falte die **blauen Ecken** zur Mitte. Wende das Blatt und falte die anderen blauen Ecken ebenso.

5

Falte die beiden roten Ecken nach unten. Wende und wiederhole.

6

Stecke die **grünen Ecken** in die Taschen. Wende und wiederhole.

7

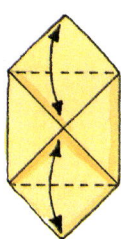

Falte die Spitzen mal nach vorne und mal nach hinten zur Mitte. Entfalte wieder.

8

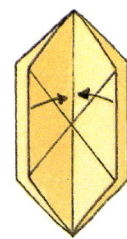

Falte die beiden oberen Seitenteile zusammen. Wende und wiederhole.

9

Drehe die 4 Wände so, dass sie ein Kreuz bilden. Blase kräftig in das Loch.

10

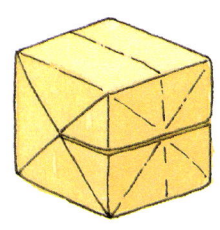

Jetzt hast du einen Würfel aufgeblasen.

Geoprojekt: Parkettierung

Betrachtet das Bild. Was fällt euch auf?

M.C. Escher's „Swans" (Symmetry Drawing E 18): Copyright 2015 The M.C. Escher Company – The Netherlands. All rights reserved.

2 Stelle die Schablone her und zeichne wie Jan.

1 zeichnen

2 schneiden

3 kleben
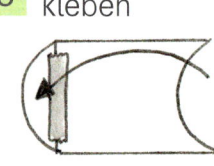

4 aufzeichnen und färben

3 a) Probiere die Schablonen von Max und Lisa aus.

Max

Lisa

 b) Stelle eine eigene Schablone her und zeichne damit ein Bild.

4 Jan hat seine Schablone noch einmal verändert.

1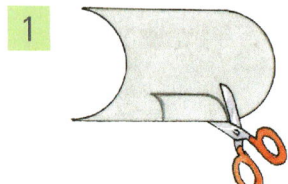
2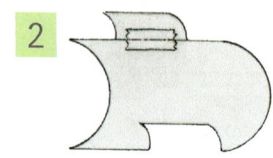
3

a) Erkläre Jans Vorgehensweise. Was bewirkt die Veränderung?
b) Verändere auch deine Schablonen.

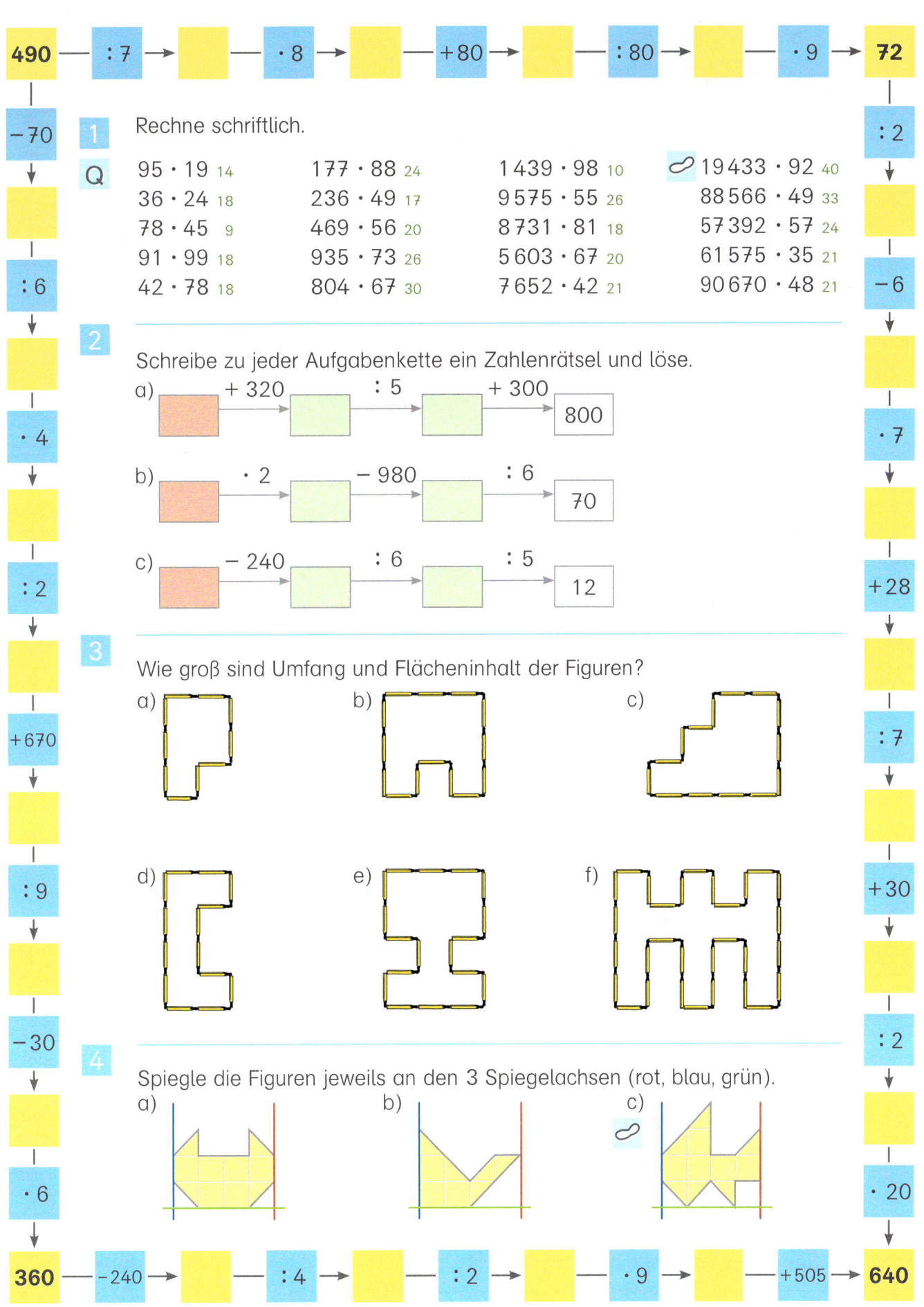

Maßstab

1

Die Gegenstände sind im Maßstab 1 zu 5 abgebildet.

Maßstab 1:5 heißt:
1 cm im Bild sind 5 cm in der Wirklichkeit.

Wie lang und wie breit sind die Gegenstände in Wirklichkeit ungefähr?
Miss zuerst im Bild und prüfe dann nach.

2 a) Zeichne die Muster im Maßstab 1:2 (1:4, 1:8).

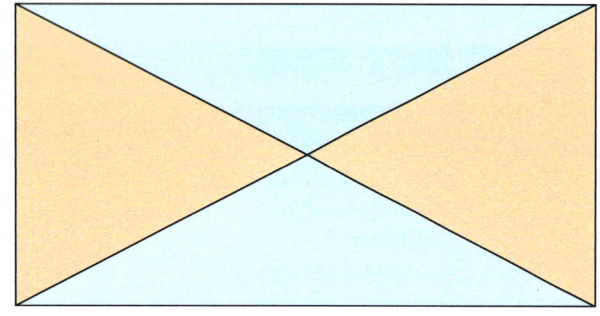
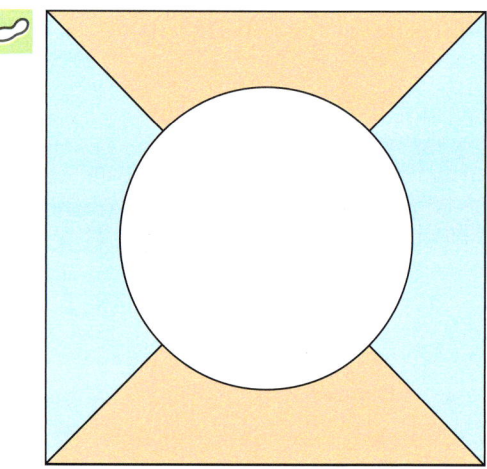

b) Zeichne deine Tischplatte und darauf Gegenstände im Maßstab 1:10.

3 Das Klassenzimmer ist im Maßstab 1:100 gezeichnet.

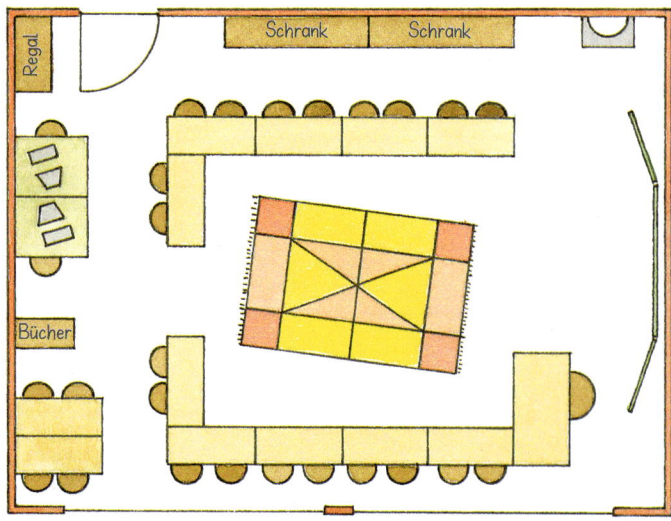

a) Wie lang und wie breit ist das Klassenzimmer?

b) Welche Maße kannst du für die Einrichtung angeben? Lege eine Tabelle an.

Einrichtungs-gegenstand	Länge im Bild	Länge in Wirklichkeit
Schrank	2 cm	m

c) Zeichne dein Zimmer (Klassenzimmer) im Maßstab 1:100.

Maßstab

1

Der Ammersee ist ungefähr 16 km lang und 5 km breit

a) Hat Leo recht? Miss auf der Karte (Luftlinie) und berechne die Entfernung.

b)

	Herrsching	Dießen	Utting	Inning
Herrsching	0 km	9 km		
Dießen				
Utting				
Inning				

2 a) Messt auf der Karte die Straßenentfernungen zwischen den Ortschaften.

Ich messe mit einer Schnur.

Herrsching–Dießen

Dießen–Inning

Inning–Herrsching

b) Vergleicht mit Aufgabe 1b).

3 a) Wie lang ist eine 1 cm (1 mm) lange Strecke in Wirklichkeit?

b) Wie weit ist jeweils der kürzeste Weg in Herrsching zwischen ...
 – S-Bahnhof und Dampfersteg?
 – Kurpark und Postagentur?
 – Schule und Bahnhofsplatz?

c) Beschreibe die Wege von b) mithilfe der Straßennamen.

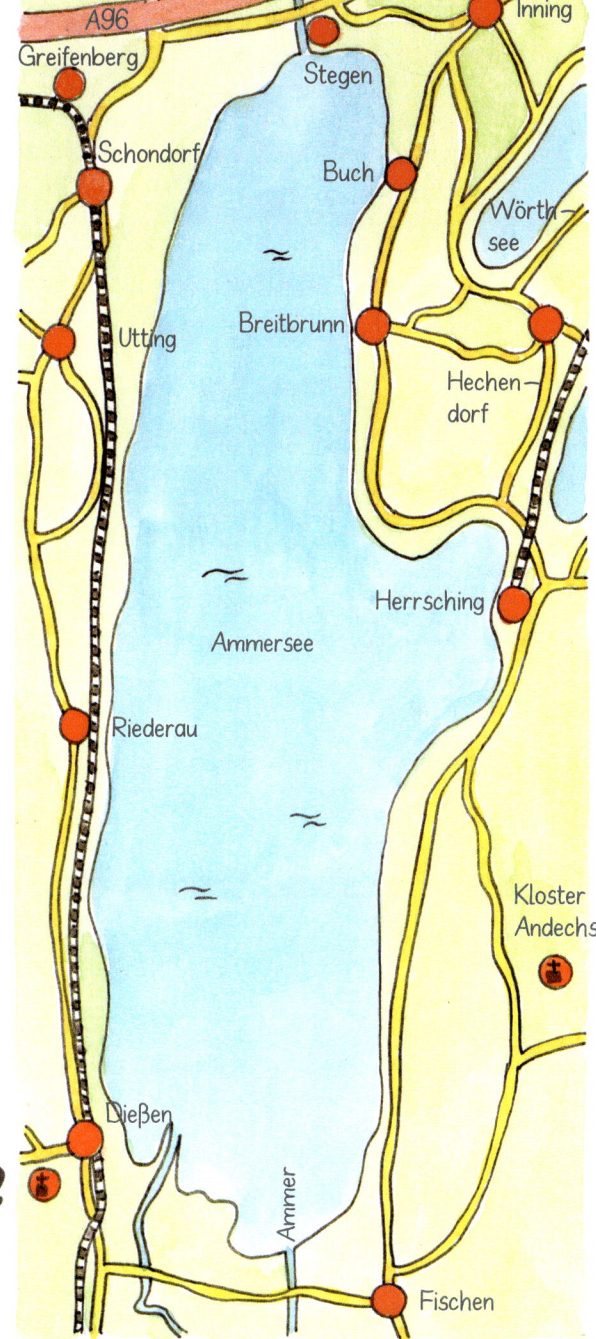

Ammerseekarte im Maßstab 1:100 000

Herrsching Karte im Maßstab 1:10 000

117

Große Flugzeuge — Projekt anregen

BOEING 787-8

Hersteller:	Boeing
Plätze	
First Class:	12
Business Class:	42
Economy Class:	170
Länge:	56,72 m
Spannweite:	60,12 m
Höhe:	16,92 m
Tankgröße:	126 903 l
Reichweite:	15 200 km
Reisegeschwindigkeit:	910 km/h
Erstflug:	2009

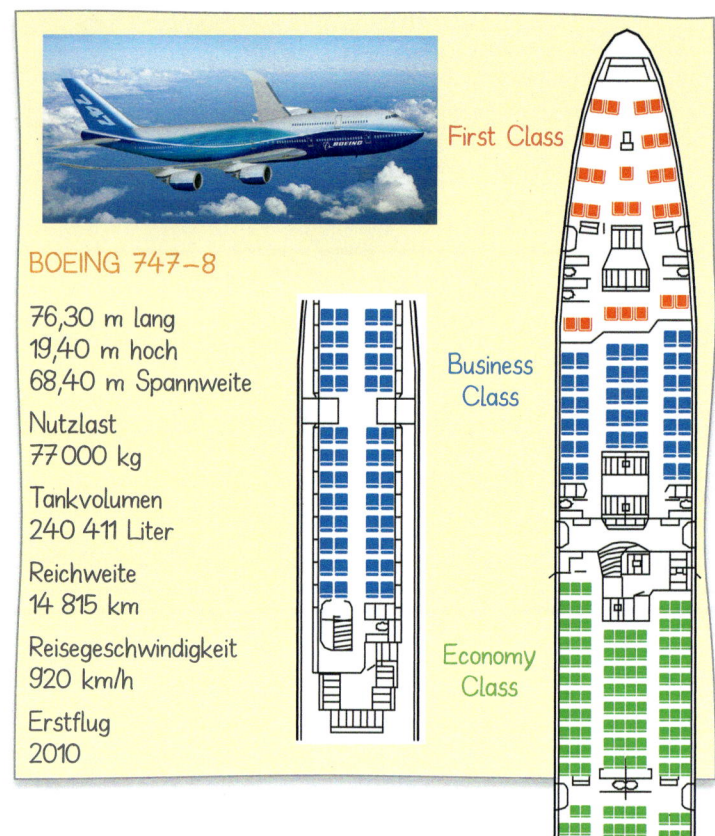

BOEING 747-8

76,30 m lang
19,40 m hoch
68,40 m Spannweite

Nutzlast
77 000 kg

Tankvolumen
240 411 Liter

Reichweite
14 815 km

Reisegeschwindigkeit
920 km/h

Erstflug
2010

First Class
Business Class
Economy Class

1 Erstelle eine Tabelle und füge weitere Kategorien an. Nimm dein Heft dazu quer.

Flugzeugtyp	Länge	Spannweite	Nutzlast
B787-8	56,72 m	60,12 m	unbekannt

Unbekannte Begriffe, die ich nicht kenne, suche ich im Internet.

Da gibt es ja gar kein größtes Flugzeug!

2 Messt nach, ob man die Flugzeuge auf dem Schulhof eurer Schule oder auf einem Fußballfeld parken könnte.

3 Überprüfe, ob alle Kinder deiner Schule in einem der Flugzeuge Platz hätten. Überschlage.

4 Vergleiche die Höhe der Flugzeuge mit der Höhe deiner Schule und anderen hohen Gebäuden in der Umgebung.

5 Der Tank eines Autos fasst ungefähr 50 l Benzin. Wie viele Autotankfüllungen passen in die Tanks der Flugzeuge?

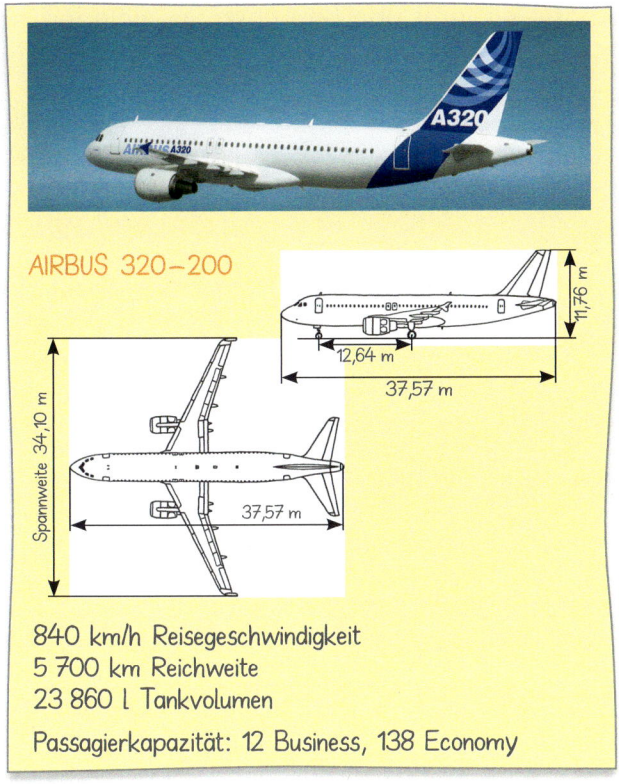

AIRBUS 320-200

840 km/h Reisegeschwindigkeit
5 700 km Reichweite
23 860 l Tankvolumen
Passagierkapazität: 12 Business, 138 Economy

Airbus A380

Das neue Doppeldeck-Großraumflugzeug von Airbus wird seit 2007 im Linienverkehr eingesetzt und verfügt über 22 Plätze in der First Class, 96 Plätze in der Business Class und 437 Plätze in der Economy Class. Mit einer Länge von 72,30 m, einer Höhe von 24,10 m und einer Spannweite von 79,80 m passt es an den Flughäfen gerade noch in die üblichen 80 × 80 m Parkbuchten. Bei einer durchschnittlichen Reisegeschwindigkeit von 900 km in der Stunde beträgt die Reichweite (Strecke, die das Flugzeug mit einer Tankfüllung fliegen kann) 15 200 km. Dies ermöglicht das stattliche Tankvolumen von 310 000 l. Durch 4 starke Triebwerke kann die Maschine Nutzlasten von bis zu 66 400 kg befördern.

6 a) Überprüfe die Aussagen.

„Eine A380-800 kann mit einer Tankfüllung genau so weit fliegen wie eine B787-8."

„Kein Flugzeug kann ohne Zwischenstopp von Frankfurt nach Sydney fliegen."

„In den Tank einer B747-8 passt ungefähr 10-mal so viel Treibstoff wie in den Tank einer A320-200."

„In der Economy Class einer B787-8 haben ungefähr 4-mal mehr Passagiere Platz als in der Business Class."

b) Mache weitere Aussagen und lass sie von deinem Partner überprüfen. Nutze deine Übersichtstabelle.

7 Wie weit können die Flugzeuge bei Reisegeschwindigkeit in 2 h (4 h, 6 h, … 14 h) fliegen? Erstelle dazu eine Tabelle. Ermittle mit Hilfe der Karte Strecken, die sie in dieser Zeit zurücklegen können.

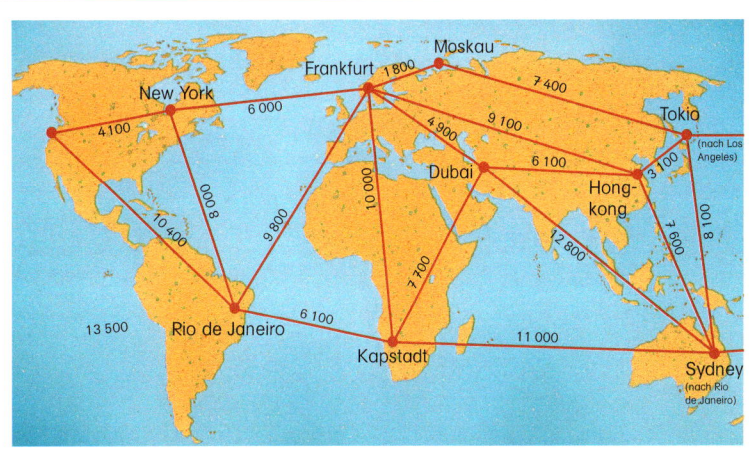

8 Eine Boeing 787-8 fliegt von Frankfurt nach Hongkong.
a) Überschlage, wie lange die Maschine ungefähr braucht.
b) Ein Auto fährt durchschnittlich 100 km in einer Stunde. Wie lange würde ein Auto ungefähr für dieselbe Strecke benötigen, wenn es eine direkte Straßenverbindung gäbe?

Zeitpunkt und Zeitspanne

Zu unserem Sonnensystem gehören 8 Planeten und ein Zwergplanet. Sie sind unterschiedlich weit von der Sonne entfernt und brauchen verschieden lange, bis sie sich einmal um die Sonne gedreht haben.

1
a) Ordne die Planeten nach ihrer Umlaufdauer. Beginne mit der kürzesten Dauer. Was fällt dir auf?

b) Gib für Jupiter (Saturn, Uranus, Neptun) die Umlaufdauer in Tagen an. Rechne mit 365 Tagen für ein Jahr.

Planet	Umlaufdauer um die Sonne
Jupiter	12 Jahre
Uranus	84 Jahre
Venus	225 Tage
Mars	687 Tage
Neptun	165 Jahre
Saturn	$29\frac{1}{2}$ Jahre
Merkur	88 Tage
Erde	$365\frac{1}{4}$ Tage

Die Angaben sind gerundet und beziehen sich auf irdische Jahre und Tage.

2 Wandle um in ...

a) Jahre:
  24 Monate
  60 Monate
  18 Monate

b) Monate:
  $\frac{1}{2}$ Jahr
  4 Jahre
  61 Tage

c) Stunden:
  4 Tage
  1 Woche
  Juli

d) Minuten:
  $\frac{1}{4}$ h
  5 h 8 min
  1 Tag

3

Max
Ich habe mich schon 10-mal mit der Erde um die Sonne gedreht.

Lara
Mein Opa Otto ist 10 Jahre jünger als der Uranus für eine Runde um die Sonne braucht.

Schreibe eigene Planeten-Rechen-Geschichten.

4 Vergleiche die Umlaufdauer von Planeten miteinander:

Wie oft hat sich die Erde um die Sonne gedreht, wenn sich Jupiter einmal um die Sonne gedreht hat?

a) Erde und Jupiter
  Erde und Mars
  Erde und Saturn

b) Jupiter und Uranus
  Merkur und Mars
  Venus und Mars

5

Weil die Erde für ihren Weg um die Sonne etwa 6 Stunden länger als 365 Tage braucht, wird jedes 4. Jahr um einen Tag verlängert – den 29. Februar. Diese Jahre heißen Schaltjahre und haben 366 Tage.

Das Jahr 2012 war ein Schaltjahr.
Schreibe 5 frühere und 5 spätere Schaltjahre auf.

Merkur
Venus
Erde
Mars
Jupiter
Saturn
Uranus
Neptun
Pluto

Pluto ist der Zwergplanet.

Zeitpunkt und Zeitspanne

1 a) Zeige die Jahreszahlen auf der Zeitleiste.
b) Ordne. Beginne mit dem frühesten Datum.
c) Wie viel Zeit ist seither vergangen? Schreibe in Jahren (🥨 in Jahren und Monaten).

S Im Jahre 1609 schaute Galileo Galilei zum ersten Mal durch ein Fernrohr in den Himmel.

T Am 20. Juli 1969 betraten die ersten Menschen den Mond: Neil Armstrong und Edwin Aldrin.

K Die Weltraumforschungsstation ISS ist ein „fliegendes Labor". Sie soll mindestens bis 2020 in Betrieb sein.

P Am 13. März 1781 entdeckte William Herschel den Planeten Uranus.

N Am 20. November 1998 wurde das erste Modul der ISS mit einer Proton-Schwerlastrakete in die Umlaufbahn geschossen.

U Am 12. April 1961 flog der erste Mensch ins Weltall: Juri Gagarin.

I Am 4. Januar 2004 landete der Roboter Spirit auf dem Mars.

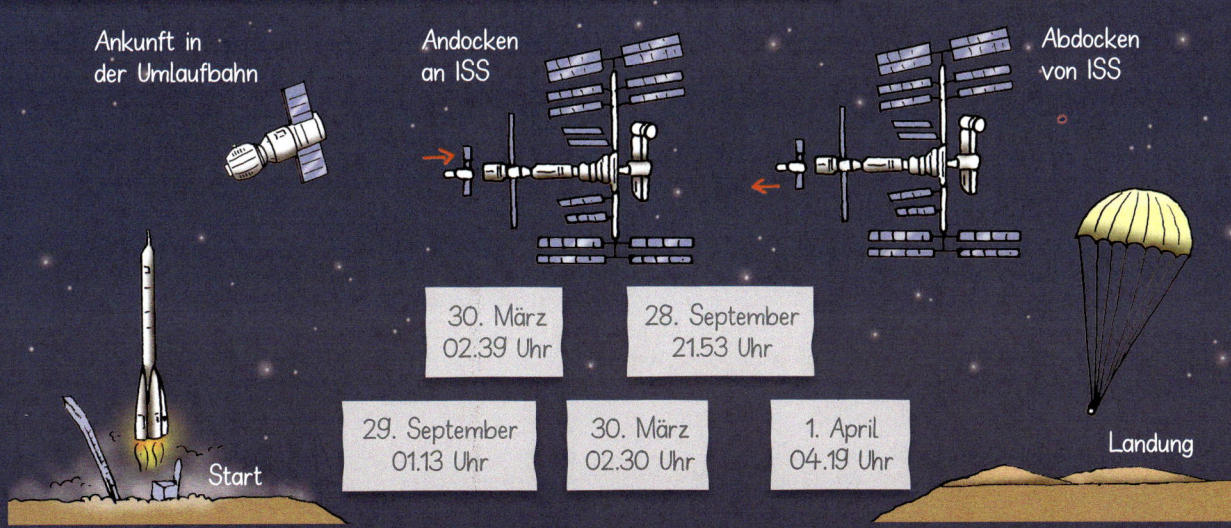

1600   1700   1800   1900   2000

2 Mit dem Sojus-Raumschiff ins All

Das Sojus-Raumschiff bringt bis zu 3 Personen in die Erdumlaufbahn, z.B. zur internationalen Raumstation (ISS). Ein Sojus Raumschiff startet an der Spitze einer Rakete. An der ISS angedockt, kann es ein halbes Jahr im All bleiben. Zur Landung tritt das Landemodul in die Erdatmosphäre ein. Schließlich kann es an Fallschirmen sicher auf festem Boden landen.

Ankunft in der Umlaufbahn — Andocken an ISS — Abdocken von ISS

30. März 02.39 Uhr
28. September 21.53 Uhr

29. September 01.13 Uhr
30. März 02.30 Uhr
1. April 04.19 Uhr

Landung

a) Ordne die Zeitpunkte dem Sojus-Flug zu: Start: 30. März 02.30 Uhr
b) Zeichne den Start des Raumschiffs bis zum Andocken als Pfeilbild:
c) Berechne die Gesamtflugdauer.

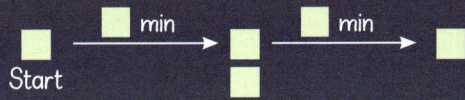

Fahrpläne und Fahrzeiten

1

Familie Diestel möchte in den Ferien mit dem Auto nach London fahren.
Über das Internet druckt Herr Diestel einen Routenplan aus.

a) Kannst du den Routenplan erklären?
b) Sucht in einem Straßenatlas die Straßen der Reiseroute. Durch welche Länder führt diese Route?
c) Berechne die Fahrzeit und Entfernung zwischen folgenden Orten.

Anschlussstelle Zellik – Calais Port	Autobahndreieck Heumar – Anschlussstelle Leuven
Anschlussstelle Leuven – Anschlussstelle Jabbeke	Grenze nach Belgien – Grenze nach Frankreich

Routenzusammenfassung

Start:	Würzburg (Deutschland)	00:00 h	0 km
Ziel:	London (Großbritannien)	10:58 h	861 km

🚩	Sie starten in **Würzburg**.		
🛣	Anschlussstelle Würzburg / Kist auf A3 in Richtung Köln	00:09 h	6 km
✕	Autobahndreieck Heumar von A3 auf A4 in Richtung Aachen	02:51 h	280 km
▬	Sie erreichen die Niederlande. A4 wird zu A76	03:40 h	362 km
▬	Sie erreichen Belgien. A76 wird zu A2	03:55 h	389 km
✕	Anschlussstelle Leuven von A2 auf A3	04:46 h	476 km
✕	Anschlussstelle Sint-Stevens-Woluwe von A3 auf R0 in Richtung Gent	04:52 h	487 km
✕	Anschlussstelle Zellik von R0 auf A10 Richtung Gent	05:01 h	504 km
✕	Anschlussstelle Jabbeke von A10 auf A18 in Richtung Veurne	05:55 h	597 km
▬	Sie erreichen Frankreich. A18 wird zu A16	06:20 h	639 km
✕	Von A16 auf A216 in Richtung Car Ferry	06:48 h	689 km
✕	Anschlussstelle Porte de l'Industrie abfahren in Richtung Car Ferry	06:50 h	691 km
⛴	Calais Port 41 km mit der Fähre CALAIS-DOVER	07:00 h	697 km
▬	Sie erreichen Großbritannien. auf A20 Richtung Folkstone	09:02 h	738 km
▬	Verlassen Sie die A20 Richtung London	10:18 h	840 km
🏁	Sie sind nach 861 km und 10:58 h an Ihrem Fahrtziel, in **London**, angekommen.		

2

Über den Ärmelkanal kann man mit Autofähren fahren. Zeichne Pfeilbilder und berechne die Fahrzeiten der verschiedenen Schiffe.

Alle Angaben der Seite beziehen sich auf MEZ.

3

Der Routenplaner berechnet nur die reine Fahrzeit. Tatsächlich braucht eine Familie mit dem Auto von Würzburg nach London mehr Zeit.

a) Kannst du erklären warum?
b) Ankunft in London soll gegen 18.00 Uhr sein. Kannst du die Reise entsprechend planen?
c) Bei der Abfahrt zeigt der Kilometerzähler genau 89 456 km. Was wird der Kilometerzähler wohl bei der Ankunft in London anzeigen?

122

Zahlen und rechnen — Das habe ich gelernt

1

Stadion	Heimmannschaft	Plätze
Stuttgart **Mercedes-Benz Arena**	VfB Stuttgart	60 449
Bremen **Weserstadion**	SV Werder Bremen	42 500
Gelsenkirchen **Veltins Arena**	FC Schalke 04	61 673
Nürnberg **Grundig Stadion**	FC Nürnberg	50 000
München **Allianz Arena**	FC Bayern München TSV 1860 München	71 137
Hamburg **Imtech Arena**	Hamburger SV	57 000
Augsburg **SGL Arena**	FC Augsburg	30 660
Dortmund **Signal Iduna Park**	BV Borussia Dortmund	80 645

a) Ordne die Stadien nach ihrer Größe.
b) Trage die Zahlen in eine Stellenwerttafel ein.
c) Schreibe zu jeder Zahl die Nachbarzehner und die Nachbarhunderter auf.
d) Runde jede Zahl auf Tausender.
e) Welches Stadion passt zu welchen Zahlen?

A    B

C 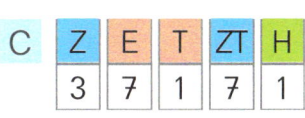   D

2

a)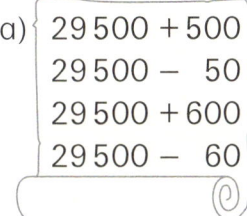
29 500 + 500
29 500 − 50
29 500 + 600
29 500 − 60

b) 10 · 270
9 · 270
8 · 270
☐ · 270

c)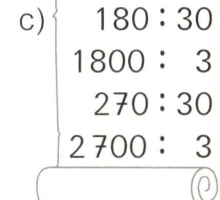
180 : 30
1800 : 3
270 : 30
2700 : 3

d)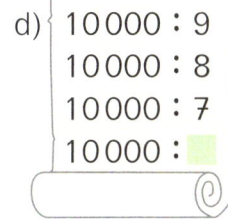
10 000 : 9
10 000 : 8
10 000 : 7
10 000 : ☐

3 Rechne schriftlich. Jedes Ergebnis ist ein besonderes Ergebnis.

a) Addiere.

56 155
67 301
32 435
56 453
323 411
353 356
644 312
355 688

b) Subtrahiere jeweils von der gelben Zahl.

1 000 000 : 274 275 / 163 164 / 898 990 / 543 544
783 522 : 660 066 / 672 411 / 561 189 / 339 411

4 Q

a) 21 605 · 4 ₂₀
13 973 · 6 ₃₀
12 317 · 19 ₁₄
21 003 · 24 ₁₈
34 809 · 29 ₂₁

b) 487 · 361 ₂₈
509 · 406 ₂₃
797 · 979 ₂₆
675 · 864 ₁₈
302 · 250 ₁₇

c) 350 228 : 2 ₁₉
277 775 : 5 ₂₅
123 650 : 50 ₁₆
356 600 : 40 ₂₃
576 270 : 90 ₁₃

d) 20 340 : 12 ₂₁
68 436 : 12 ₁₅
60 585 : 15 ₁₆
76 905 : 15 ₁₅
80 175 : 25 ₁₂

123

Das habe ich gelernt — Größen und Messen, Raum und Form

1

Ich fahre etwa 100 000 km im Jahr.

SCHOKO-EXPRESS
Zul. Gesamtgewicht: 18 500 kg
Leergewicht: 7 500 kg

a) Lege eine Tabelle an. Wie viele Kilometer fährt der LKW ungefähr in:
 1 Jahr,
 $\frac{1}{2}$ Jahr,
 $\frac{1}{4}$ Jahr,
 1 Monat,
 2 Wochen,
 1 Woche (Mo–Sa),
 1 Tag?

Zeit	km
1 Jahr	100 000
$\frac{1}{2}$ Jahr	50 000

(:2)

b) Wie viel Schokolade kann der Schoko-Express höchstens zuladen?

c) Ordne die Pakete auf den Paletten nach ihrem Gewicht. Beginne mit dem leichtesten.

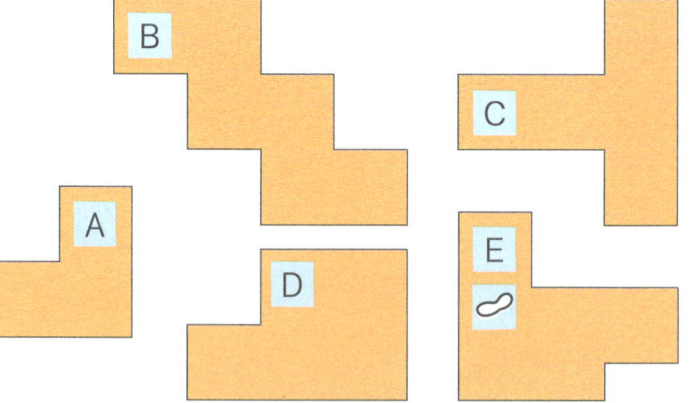

Schoko-Riegel 4 250 kg; Schoko-Bonbons 750 kg; Schoko-Müsli 890 kg; Schoko-hasen 3 860 kg; Taler 95 kg; Pralinen 9 250 kg; Vollmilch-Schokolade 500 kg; Nuss-Schokolade 10 800 kg

2 a) Schreibe in Metern.
 1 km 500 m; 4 km 2 m; $\frac{1}{2}$ km;
 10 km 500 m; 4 km 20 m; 8 km

b) Schreibe in Kilometern und Metern.
 6 410 m; 12 400 m; 28 000 m;
 16 410 m; 500 m; 2 328 m

3 Setze <, > oder = ein.

1 km 600 m ● 1 600 m   16 km ● 1 600 m   12 l ● 1 200 ml $\frac{1}{4}$ l ● 100 ml
6 km 60 m ● 6 600 m   1 km ● 1 010 m $1\frac{1}{2}$ l ● 1 200 ml $\frac{3}{4}$ l ● 75 ml

4 Wie viele Zentimeterquadrate passen in jede Figur? Wie groß ist ihr Umfang? Vervollständige die Tabelle.

	A	B	C
Flächeninhalt (Anzahl der Zentimeterquadrate)	3		
Umfang in cm (Länge der Umrandung)			

5 Welche Figuren sind achsensymmetrisch? Welche Figur hat die meisten Symmetrieachsen?

 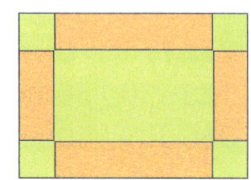  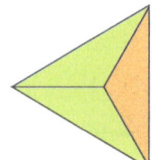 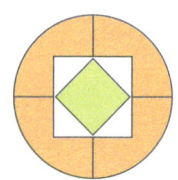

Klasse 4 – Basiswissen

Rechenkonferenz

Ich	Du	Wir

Bearbeite die Aufgabe allein.	Sprecht in der Gruppe über die Aufgabe.	Jede Gruppe stellt ihre Ideen vor.
Welche Ideen hast du? Welches Material kann dir helfen?	Jeder stellt seine Ergebnisse vor. Die anderen hören zu. Frage nach, wenn du etwas nicht verstehst.	Welche verschiedenen Ideen gibt es in der Klasse?
Denke nach und notiere: – Wie löst du die Aufgabe? – Warum löst du die Aufgabe auf diesem Weg? – Was ist besonders einfach oder besonders schwierig?	Besprecht und schreibt auf: – Welche verschiedenen Ideen gibt es in eurer Gruppe? – Welche Idee hilft am besten bei der Lösung der Aufgabe? Warum?	Sprecht in der Klasse: – Wie könnt ihr solche Aufgaben in Zukunft geschickt lösen?

Wortspeicher

Ich habe mir überlegt…
Ich habe so gerechnet, weil…
…ist schwierig, weil…
…ist einfach, weil…
Ich verstehe nicht, warum…
Ich finde deine Idee gut, weil…

Der Wortspeicher hilft dir bei Rechenkonferenzen.

125

Klasse 4 – Basiswissen

Zahlen

M	HT	ZT	T	H	Z	E
7	9	4	3	8	2	6

sieben Millionen | neunhundertdreiundvierzigtausend | achthundertsechsundzwanzig

7 000 000 + 900 000 + 40 000 + 3 000 + 800 + 20 + 6 = 7 943 826

Rechnen

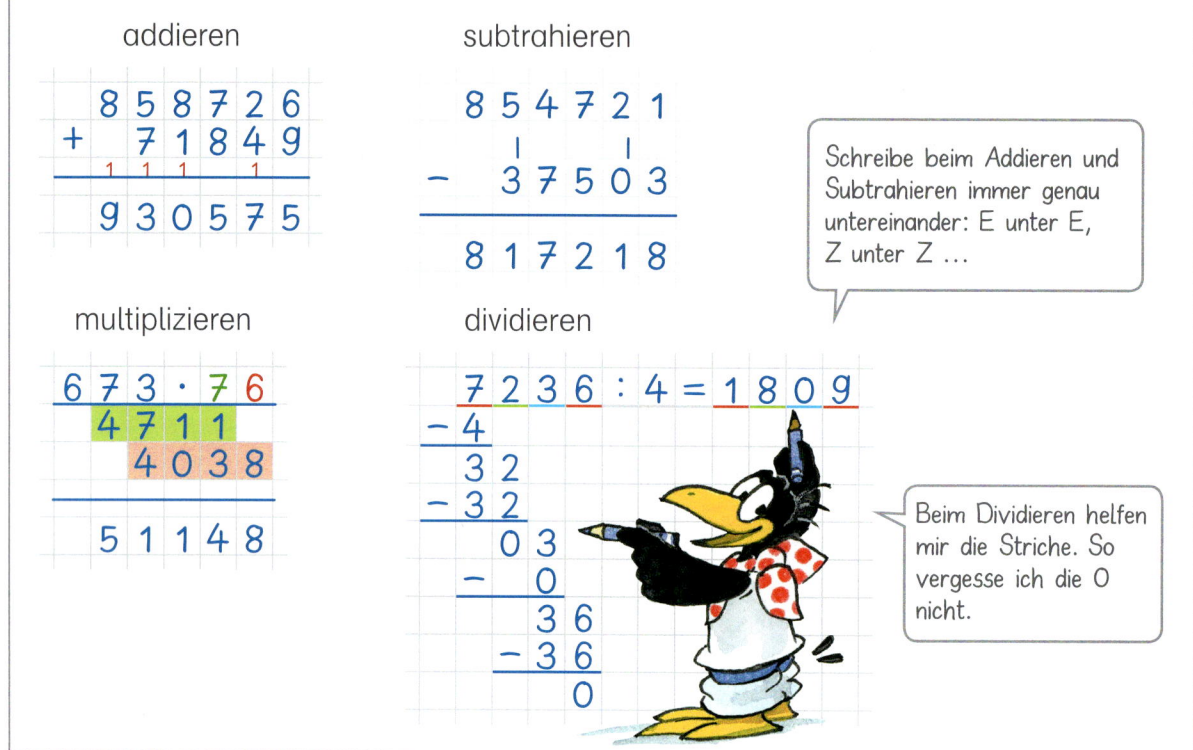

addieren

```
  858726
+  71849
  1111 1
  930575
```

subtrahieren

```
  854721
-  37503
  817218
```

Schreibe beim Addieren und Subtrahieren immer genau untereinander: E unter E, Z unter Z …

multiplizieren

```
673 · 76
 4711
 4038
51148
```

dividieren

```
7236 : 4 = 1809
-4
 32
-32
  03
 - 0
   36
  -36
    0
```

Beim Dividieren helfen mir die Striche. So vergesse ich die 0 nicht.

Teilbarkeit

:2 Eine Zahl ist durch **2** teilbar, wenn sie gerade, also ihre letzte Ziffer eine 0, 2, 4, 6 oder 8 ist.
Beispiele: 580, 792, 674, 406

:3 Eine Zahl ist durch **3** teilbar, wenn ihre Quersumme durch 3 teilbar ist.
Beispiele: 201, 141, 513, 969

:5 Eine Zahl ist durch **5** teilbar, wenn ihre letzte Ziffer eine 0 oder 5 ist.
Beispiele: 580, 735, 900, 205

:10 Eine Zahl ist durch **10** teilbar, wenn ihre letzte Ziffer eine 0 ist.
Beispiele: 580, 950, 100, 1 000

Gleichungen

Ich denke mir eine Zahl, dividiere sie durch 2, multipliziere mit 8, addiere 35 und erhalte die Zahl 275. Wie heißt meine Zahl?

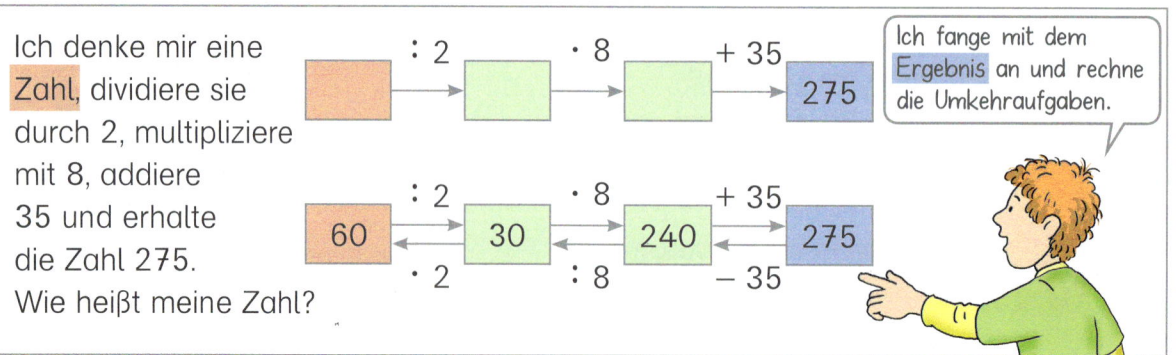

Ich fange mit dem Ergebnis an und rechne die Umkehraufgaben.

126

Klasse 4 – Basiswissen

Größen

1 kg = 1 000 g	1 l = 1 000 ml	1 h = 60 min
$\frac{3}{4}$ kg = 750 g	$\frac{3}{4}$ l = 750 ml	$\frac{3}{4}$ h = 45 min
$\frac{1}{2}$ kg = 500 g	$\frac{1}{2}$ l = 500 ml	$\frac{1}{2}$ h = 30 min
$\frac{1}{4}$ kg = 250 g	$\frac{1}{4}$ l = 250 ml	$\frac{1}{4}$ h = 15 min

1 km = 1 000 m	1 m = 100 cm	
$\frac{3}{4}$ km = 750 m	$\frac{3}{4}$ m = 75 cm	
$\frac{1}{2}$ km = 500 m	$\frac{1}{2}$ m = 50 cm	
$\frac{1}{4}$ km = 250 m	$\frac{1}{4}$ m = 25 cm	

Wahrscheinlichkeit

Wie wahrscheinlich ist es, ein weißes Feld zu erdrehen?

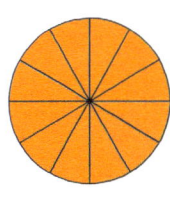 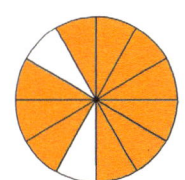 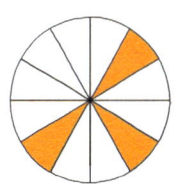 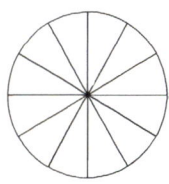

| unmöglich | unwahrscheinlich | wahrscheinlich | sicher |

Flächen

Das ist ein Zentimeterquadrat.

genau 1 cm   ungefähr

 1 cm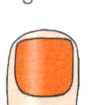

Die Länge des Randes ist der Umfang einer Figur.

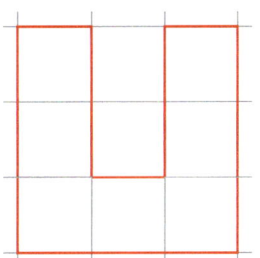

Beispiel:

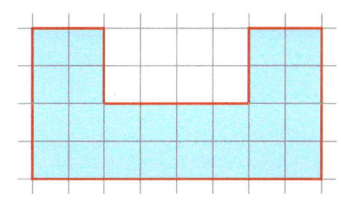

Flächeninhalt: 6 Zentimeterquadrate
Umfang: 14 cm

Kreis

Beispiel:

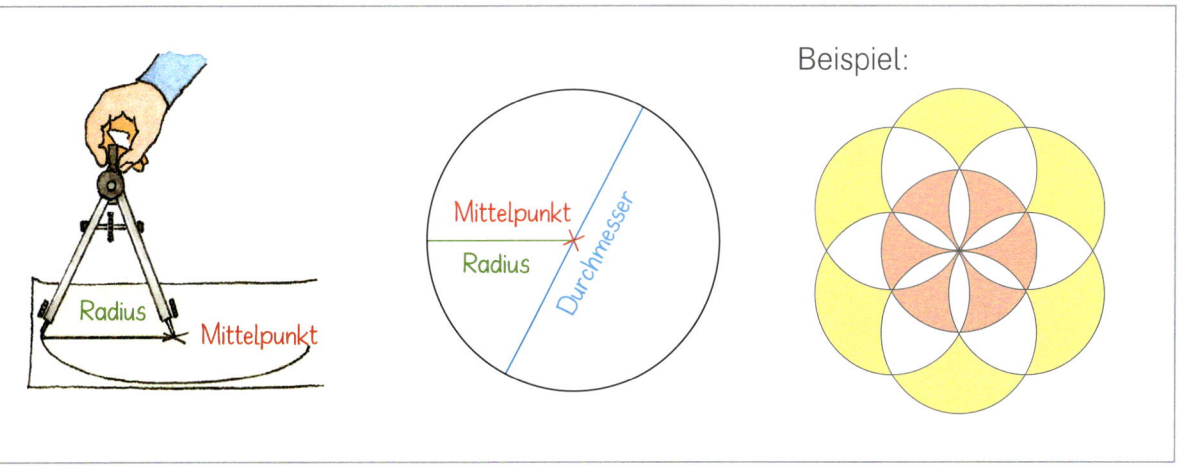